不被理解的少年

和15个
与心理疾病斗争的孩子
对谈实录

陈瑜 著

中信出版集团 | 北京

图书在版编目（CIP）数据

不被理解的少年 / 陈瑜著 . -- 北京：中信出版社，
2023.2（2023.11 重印）
　　ISBN 978-7-5217-5048-5

　　Ⅰ.①不⋯　Ⅱ.①陈⋯　Ⅲ.①青少年教育　Ⅳ.
① G775

中国版本图书馆 CIP 数据核字 (2022) 第 226108 号

不被理解的少年
著者：　　陈 瑜
出版发行：中信出版集团股份有限公司
　　　　　（北京市朝阳区东三环北路 27 号嘉铭中心　邮编　100020）
承印者：　嘉业印刷（天津）有限公司

开本：880mm×1230mm　1/32　　印张：10　　字数：191 千字
版次：2023 年 2 月第 1 版　　　　印次：2023 年 11 月第 6 次印刷
书号：ISBN 978-7-5217-5048-5
定价：59.00 元

版权所有·侵权必究
如有印刷、装订问题，本公司负责调换。
服务热线：400-600-8099
投稿邮箱：author@citicpub.com

前言 1
请把孩子当『人』来对待！

《少年发声》第一册出版时，我把个人微信号印在了"后记"里，邀请愿意发声的少年们来添加我。在教育的舆论场中，他们的声音不该缺席——我一直坚信这一点。

我从不挑选访谈对象，但需要找个"树洞"来倾诉的孩子，更可能是怀着心事、带着伤痛的，所以这一年多来，和我对话的孩子覆盖了焦虑症、抑郁症、厌食症、强迫症、双相情感障碍等青少年常见的心理疾病，其中很多人经历了厌学、休学，采取过自残甚至自杀行为。

孩子们到底怎么了？他们为什么会这样？他们经历了怎样的痛楚和挣扎？这本书里的每一个字，就是在回应这种种的不解和迷惑。孩子们集体发声，真诚而勇敢地呈现了他们瓦解、破碎和重建的过程。

穿梭于孩子和成年人之间，我深感今天的家长和老师试图把孩子打造成听话、用功、考高分的"机器"，而孩子们希望被当作"人"来对待，想要被看见、被理解、被尊重。这中间的落差越大，撕裂越严重。

人和机器的区别是什么？机器只讲功能，它存在的价值就是高效地完成任务。但人之所以为人，是因为人有情绪、有感受、有独立意志、有自我实现的需要——这些才是这一代孩子分外在意、格外看重的。

这代孩子绝大部分衣食无忧地长大，没有物质层面的忧患，所以他们追求心灵的丰盈和精神的富饶。他们会追问：人为什么活着？我为什么要读书？我有什么价值？未来我可以成为怎样的人？……十来岁的孩子，发出这样的叩问，毫无疑问是社会发展的傲人进步，但遗憾的是，我们成人社会给不了他们满意的回答。

浮躁而短视的大人们啊，还在想方设法把他们嵌入我们自认为最优的发展轨道，去奋力追逐所谓的"成功"，一旦出现任何预期之外的不可控因素，就会焦虑、抓狂、崩溃。

不得已，孩子们成了承接成人情绪的容器，直到有一天，他们再也接不住了。于是，熟悉的剧情开始了：学习没有动力，整天玩手机，日夜颠倒，封闭自己，拒绝沟通，或是跟家长、老师激烈对抗。

不要把这一切甩锅给"青春期叛逆"，不是每个孩子到了青春期都必然要叛逆的。如果他的个人成长没有被压抑、内心需求得到了充分满足，他与教育者建立了良好的沟通机制，那他还有什么叛逆的必要呢？

那么要继续追问了：面对同样的社会现实和教育现状，为什么有些孩子全方位发展，有些孩子却有各种心理疾病？区别在哪里？

在对全国各地、各学龄段孩子的深度采访中，我发现一个规律：有成长动力的孩子，背后通常站着一对支持型的父母——他们有稳定的价值观，不随波逐流，在养育孩子的过程中，为孩子注入满满的爱和安全感，欣赏孩子的特质，善于挖掘孩子的潜能，在孩子遇到困难时，给予最温暖的关切和最有力的托举。从这样的家庭中走出来的孩子，充满了发现自我、探索世界的勇气和能量。反之，那些"病"了的孩子，家庭关系几乎都存在问题，很多时候，父母本身就是最大的问题根源。换句话说，在孩子患病之前，他们和父母的关系就已经"坏"了。

我想说，影响孩子健康成长的因素固然有很多，但父母与孩子构建什么样的亲子关系是重中之重。如果孩子与父母之间的情感连接足够牢固，那么孩子不会产生毁灭性的无力感和绝望感。现在不是孩子"想不想学"的问题，而是"想不想活"的问题——这绝不是危言耸听。

要知道孩子们曾经发出过多少求助信号啊，但被心怀执念的大人们统统错过了！家长只想抓一味速效药，来搞定孩子的情绪问题和行为问题，遍寻专家，问的都是"怎么办"，但真正要紧的是弄明白"为什么"——问题背后的真实原因才是一切的症结所在。

一位初中生跟我说："如果不是真的遇到了问题，谁愿意'摆烂'？"真的就是这样，每个孩子都是向好、向善的，他们站不起来，是因为陷入了对他们而言巨大的困境。即使孩子在资源、能力、经验方面的确是弱势的一方，他们也都曾想方设法地自救过，他们真的不像父母描述得那样不堪。

如果在这样的时刻，家长们再来火上浇油，依旧漠视孩子们的真实感受，那么孩子们关闭了房门之后，势必会关闭心门。那对父母而言，就丧失了影响孩子、帮助孩子的机会。

《不被理解的少年》让教育者有机会换一个视角，站在被教育者的立场，去看看这一切是怎么发生的。多少以爱之名的管教，实则在深深地伤害孩子？而对孩子造成伤害的爱，真的称得上"爱"吗？对此，我表示极大的怀疑。退一步说，就算承认这是爱，但把孩子养病了、养残了、养崩溃了，那也证明这种教育的理念和方法极有可能错了。

大量的案例证明，未成年人的心理问题发展到病理性的程度后，如果家长的态度不扭转，家庭系统不重建，单靠孩子自己的力量，他们很难走出泥淖。所以，最关键的补救方式，是重新打造好亲子关系这个最重要的地基。把孩子养"亲"了，再来谈教育！

请父母用孩子们能够接受的方式爱他们，不要再把他们当作实现自己目标的工具。比他们取得什么样的成绩重要一万倍的，是他们成为怎样的人。

这一代孩子需要被充分地看见、被平等地对待、被理解、被接纳，他们期待和成年人建立亲密稳固、互相尊重、共同成长的关系，他们想要真正地为自己而活。

好消息是，孩子们的修复力和自愈力也是极强的，当原来令人窒息的教育方式开始松动，光亮得以一点一点地透进来，他们真的就会像枝杈一样伸展开来，展现出生命本该具有的旺盛活力。

所以，孩子的病症中蕴含着巨大的契机。不要心急如焚地把孩子的状态看作需要纠正的负面问题，而要将其视为真正了解孩子、培养亲子关系的机会。这样的"脱轨"是在告诉每一个家庭成员，我们都需要改变！——这才算没有辜负孩子们受的苦、遭的罪。

这本书我依然采用问答的方式呈现，基本保留了孩子们的原话，只在顺序上做了些许调整，对相关内容做了一些合并。这些表达可能令你震动，的确，孩子们比我们想象中的深刻，也比我们想象中的痛苦。

特别值得一提的是，这次非常荣幸地特邀到了著名儿童和青少年心理专家陈默老师对每篇访谈做专业解读，由点及面地提炼出教育中的共性问题，希望引发家长和老师们的关注和深思。

我和陈默老师长期合作，我是她在线课程的出品人、制作人和策划人。陈老师在"少年大不同"公众号平台上的系列课程，涵盖了0—18岁孩子的家庭教育中最棘手的痛点和难题，在全平台的播放量突破了1500万次。我在与孩子们的对话过程中，时常会回想起陈老师在课程中的讲述和解析，不得不叹服，她真的是太懂孩子了！几十年来，她一直在临床一线为中国家庭号脉，为全国的教师做培训，她在用另一种方式为孩子们发声。

最后，感谢每一位发声的少年给予我的信任，允许我走进你们的内心、倾听你们的心声。希冀这样的声量能够汇聚起来，令成人世界觉醒。

陈瑜

2023年1月于上海

前言 2　我想说说这是为什么孩子们太不快乐了

接到《不被理解的少年》的书稿，说是长期跟我合作的"少年大不同"的陈瑜老师写的书，需要专业人士对书中每篇文章的内容进行点评。

这是类似新闻访谈形式的书稿，内容是在采访中与学生的问答，有他们对成长经历的回顾、对亲子关系的体验、对学习压力的感受以及在人际交往方面的困扰，真实地反映了当下青少年的心灵世界。

陈瑜老师付出了大量的心血，给青少年提供了发声的机会和平台，我当然也义不容辞。

我告诉出版社，这些学生反映出来的心理问题，有些还有病理性。我不是他们的治疗师，没有经手过他们的咨询，无法从心理咨询师的角度给出评论。但是他们说出来的心声都反映出了学校教育、家庭教育中存在的一些共性问题，作为一个在学校里工作了几十年、在家庭教育领域不断探索努力的老教师，对此我是有话说的。

　　听听这些孩子的说法吧。他们在我眼里个个优秀：认知水平高、判断力强、自我要求高，可是他们不快乐，太不快乐了——我想说说这是为什么。

陈默

2023年1月于上海

目 录

No.01 "我高一休学,想弄明白:
学习是为了什么?爱又是什么?"

佳佳／男／高一／上海　　001

No.02 "自卷"的学霸,
凌晨4点起床学习……

蓁蓁／女／高三／广东　　027

No.03 "上学之前,我一直觉得司机和阿姨,
像我爸爸妈妈……"

零／女／初三／上海　　051

No.04 "我妈失控地暴揍我,
感觉她都不想要我了……"

圆子／女／大二／江苏　　073

No.05 "妈妈想在我房间装监控摄像头，
我和她完全无法交流……"
小孙／男／初三／上海　　095

No.06 她常考年级第一，
却从六年级开始自残、酗酒……
妍妍／女／初二／陕西　　115

No.07 "要开学了，我好怕爸妈的坏情绪
会影响我的学习……"
语喧／女／高一／广东　　135

No.08 "我从三楼跳下来，
被路人接到，我妈却说……"
NG／女／六年级／福建　　155

No.09 "10 岁起读了 10 年国学，
我不能再骗自己了……"
天歌／男／十年国学生／新疆　　169

No.10 "读初三后，
我控制不住自己的手抖……"
小 F／女／初三／上海　　191

No.11 165 厘米／36 公斤，
她被父母"骗"去医院治疗厌食症……
小溪／女／初一／江苏　　211

No.12　"我期望妈妈更恶劣，把我逼死了，她一辈子
　　　　活在内疚里……"
　　　　晚清／女／初一／上海　　　231

No.13　长期失眠、不想上学，
　　　　但他什么都不敢告诉妈妈……
　　　　小B／男／初二／河南　　　245

No.14　强迫症，差点把学霸乖乖女逼疯了……
　　　　桃李／女／自学生／广东　　　261

No.15　"我不断与亲人对抗，寻找'回家'的路……"
　　　　星辉／男／大一／四川　　　289

后记　　我是陈瑜，我一直在！304

|少|年|发|声|

孩子们倾吐的树洞

每期对话一个孩子——
他们是教育的主体
却是教育议题的缺席者
所以
"少年发声",邀请少年发声

No.

01

"我高一休学,想弄明白:
学习是为了什么?爱又是什么?"

佳佳／男／高一／上海

概况：焦虑症、抑郁症，曾经有过轻生行为。

从小学习成绩优异，市重点高中学生，目前休学。

我以为休学生的声音会很颓丧，但佳佳的一声"你好，老师好"，听起来劲头十足。

佳佳妈妈事先联系我，她很为孩子不去上学犯愁。佳佳给出的休学理由是：缺爱，同伴关系紧张，学习没有目标。

佳佳妈妈说，自己和孩子爸爸都是工科生，比较硬，比较直，过去只注重孩子学习，可能没有给到他足够的温暖和关怀。

只是我未曾料到，佳佳心里埋藏的怨恨会那么大，大到说出"我不会为了让自己双螺旋的东西能够分一半给后代，去祸害一个和我年纪差不多的女性和一个比自己小 30 岁的孩子"；大到曾一气吞下 12 粒药，被救护车送去医院洗胃。

我们聊了将近 3 小时，佳佳给了我巨大的信任。他说："这样的交流机会真的不多，而且你应该是跟我这样交流的第一个成年人……"

- 1 -

陈瑜 这学期开学就不去上学了？

佳佳 我不是不去上学，我是提出休学申请。不上学和休学，听起来天差地别。

陈瑜 跟我说说有什么差别。

佳佳 前者是小孩子气，后者是经过理性思考得出的一个值得去这么做的选择。

陈瑜 怎么会想到做这个决定？

佳佳 简单地说，我累了。

寒假里有点失眠，开学前几天真的睡不着了，就撑不住了。我明确地阐述自己的意见说"我下个学期可能不去了"，是在寒假中旬，但是这个念头模模糊糊地出现的时间，可能还要更早一些。

陈瑜 你担忧什么？

佳佳 不知道，那时候的焦虑值很高。

我现在抑郁指数是 3.85 分，人际关系恐惧值是 4.1 分。要是那时候去做，满分 5 分或 4.5 分的话，我的焦虑值大概能到 4.4 分。

陈瑜 是寒假里突然焦虑起来，还是说上学期的时候……

佳佳 （打断）只要是上学的时候，一直都很焦虑！别人学校是月考，我们是周练，每周考一门，初三时每天考一门。

就像扎针一样，一开始可能会让你精神紧张，但是扎多了，可能就麻木了。

我是不可能被一击打倒的，我很有信心，除非发生了某些特别重大的变故。我是慢慢死心的。

陈瑜 读书那会儿，焦虑体现在什么方面？

佳佳 睡眠质量差。学习压力稍微大一点的时候，基本上是靠喝茶包强撑着，每天拿开水冲两包，上课端着个杯子，像大爷一样。

陈瑜 否则会犯困，支撑不了学习？

佳佳 一定会困！高中我第一次在课上睡着之后，又开始喝茶了。初三我也是靠喝茶撑过来的。

九年半以来，我从来没有像现在这样睡得这么安稳，没有像现在这样彻底放下心来：

第二天要干什么？不管！

接下来要做什么？不知道！

有什么目标吗？没有！

非要完成什么吗？不需要！

我需要像现在这样歇一歇。我只是比较累而已，心累。

陈瑜 心累是一个什么状态？

佳佳 就是我找不到任何理由，能让我在第二天自发地或者说稍微能够同意自己去做应该做的事：5点多钟从床上爬起来，洗漱，早饭都不吃就坐着早高峰的地铁去学校，过八九个小时从学校里出来，背一书包作业回来，还要动脑子把它们全部写完……这样做的一个理由，我找不到！

- 2 -

陈瑜 听说你小学时成绩很好,一直是年级第一第二?

佳佳 年级第一第二可能说不上,但我进的中学是同学里最好的。

小学同学也有很玩得来的,他们都比较认可我,我非常开心。那时候学习内容比较简单,我的世界里没有错误这件事,怎么做怎么对,所以我爸妈也就展现出来他们伪装的善意。至少我感觉是这样的。

然后上了初中,我开始犯错了,得到的信息是,"你不能犯错"!

那明明是我需要学习"第一,错误是被允许的;第二,错误是能够改正的;第三,错误并不可怕"的时候,但我得到的是,"错误是不被允许的,你需要全心全力做好每一件事情"!

现在我非常怕开始一件事情,因为如果你不去做,虽然不会对,但一定不会错。我特别害怕、特别恐惧犯错。

我是一个自尊心很强又很脆弱的人。

陈瑜 如果你犯错,爸爸妈妈会怎么对待你?

佳佳 这么跟你说吧,我爸给我整了一些乱七八糟的教辅书,然后又经常因为一点事就骂我。晚上,一个十三四岁的孩子躲在被子里哭,他妈听见了之后,过来告诉他"学习是不累的",说类似这样的话。

其实五年级的时候,就初露端倪了,他们让我上"小五班①"啊，一个个逼我啊！小五班同学有考得比我好的，好很多。

陈瑜 看到别人超过你，是什么感受？

佳佳 以前的我觉得这是不可能发生的事情；在初中的时候就好像是习惯了；现在谁超过我都无所谓了，已经没有那种追赶的动力了。

初中第一次数学考试，我考了七十几分，我就知道这个地方不好混了。

一开始我应该努力过，后来就逐渐发现真的是没有办法通过努力来追赶上那帮人。

初三时，我们班上有一个女生，成绩特别好。没有例外，她一定是我们班第一个吃好午饭的，然后做题，非常偶尔地会和别人闲聊一会儿。

我不愿为了提升分数，为了当班级第一、年级第一风光一下，而付出那么多的努力。然后，我发现我好像即使不那么努力，也可以考一个还说得过去的成绩，在关键的时候从来不拉垮。我上学期还拿了奖学金。

我的最终成绩肯定不是最好的，但是我的投入产出比应该是数一数二的。

陈瑜 为什么不愿全力以赴？

佳佳 我觉得全力以赴就是为了能让成绩单上的数字看上去更大

---

① "小五班"特指摇号政策颁布前，上海等地五年制小学生为升入各大名牌初中，参加相对应的考试补习班。——编者注

一点，这样做非常愚蠢！

老师，你想想看，我们现在接受的教育，是为了学习还是为了考试？不知道谁说过，"教育的本质是一棵树摇动另一棵树，一朵云推动另一朵云，一个灵魂唤醒另一个灵魂"[①]。现在的教育肯定不是这样的！

教的那些东西有深度吗？真的没有！举个例子，我们高中物理半年的知识，以同样的课时，本来用一个月就能教得差不多了，但是为了让你学会做题，用了一个学期——真的就是为了做题在学！

我不可能为了学这种东西，而变成奴隶！

陈瑜 觉得不值得？

佳佳 特别不值得！

你去打游戏，还能哈哈地笑出来，但你做一道题，做不出来就是做不出来，还很气，越想越气！

学习有意思，是建立在自己知道自己要学什么并且有明确的目标，或者说能让自己有提升的基础上，这样的学习才是快乐的。

如果真的有什么东西值得我学习的话，那应该是让我认识到一种新的思维、思考方式，一种新的看待世界的方式，或者让我认识到全新的内容，比如读小说，能给我展现一个不一样的世界，让我去探知，让我去摸索。

人对于未知总是好奇的。

---

① 此语出自德国哲学家卡尔·西奥多·雅斯贝尔斯。——编者注

陈瑜　嗯，的确是这样。我还观察到一种现象，想要与你分享。有一些小孩早年成绩非常好，后续成绩可能不再那么拔尖，他们不愿意投入全力，是因为他们想保留自己……

佳佳　（打断）哦，那没有。不是我有所保留，是因为这种事情还不配。

虽然这么听起来非常有吹牛皮的嫌疑，不过这点我非常自信，至少我的硬实力是足够的，但是学习还是不配！

- 3 -

陈瑜　很多人会把考北清交复作为目前过这种日子的一个目标来进行自我驱动，你认可吗？

佳佳　这很主观，他们乐意是他们的事情。

但如果我把目标定在北清交复，我首先要思考：我得干掉上海多少人？这个太累，真的划不来。

陈瑜　那未来能过上理想生活的目标能驱动你吗？

佳佳　我想过平静的生活，每天六七点起床，上班，晚上七点之前到家，自己做饭，准备第二天的早饭，玩一会儿，然后洗漱睡觉。可能还会养一只宠物。

将来四五十岁的时候，每个月能赚一万，养活我一个人就够了。关键是，自己赚来的钱，能够让我买到开心就可以。我个人认为，你来都来了，不过得快乐一点不是亏了吗？你要是一辈子闷闷不乐，终生郁郁寡欢，那还不如死了算了。那样的人，多没劲。

陈瑜　你有自己想干的职业吗？

佳佳　我其实有一点点想当老师。我脑子转得比较快，喜欢说话，但是在有深度的专业知识方面可能差点意思。老师只要掌握教参里的内容，然后稍微扩展一些学生可能接受的知识就可以了。

当我发现我跟老师这个职业有比较高的契合度的时候，我挺惊讶的：啊，原来我可以看到自己是怎么样的，社会竟然有我的容身之所！

陈瑜　你如此唾弃现在的应试教育，为什么还想当老师呢？

佳佳　不知道，可能将来教育资源更丰富了，每个学生平均能分到的老师数就多了，老师就可以批阅学生更多的主观作业，并通过分析这些主观内容来评价学生。

- 4 -

陈瑜　再来聊聊你的人际关系。有些孩子同伴关系紧张，可能是因为自己本身比较孤僻，但你好像不是。

佳佳　我觉得现在很多同学压根是没有灵魂的，真的很无趣，他们的笑点、爽点都是被安排的，他们的生活也是被安排的，他们所有的东西，都是在时代的影响和别人的影响下形成的。真是让人痛心疾首！

陈瑜　你觉得你是有灵魂的人吗？

佳佳　这么说听起来很无耻,"是的!"

陈瑜　为什么听起来很无耻?

佳佳　因为这样总感觉我在贬低他们,似乎我比同学优越。肯定会有人这么说。

陈瑜　你和他们的区别在哪里?

佳佳　他们只会想,而我在思考。我更喜欢看事物的内核,虽然这样听起来更无耻了。不客气地说,他们肤浅,他们愚昧。

陈瑜　或者说,他们任人安排?

佳佳　嘿,对对。

　　　我初三分班时,分到了一位同学,他现在在苏州的国际学校。这位同学真的是有灵魂的人,稀罕,我和他很聊得来,聊我思考的事,聊我从来没跟别人说的事,他的思想也有深度。

陈瑜　但他转走了,你没有志同道合的伙伴了,学习也让你觉得没意思,所以基本上就没有什么理由继续去学校,是这种感觉吧?

佳佳　对!最离谱的事情是,我休学后,第一个主动来找我的同学,好像是3月1日才来的,开学两个星期以来根本没有人记起我。

陈瑜　这件事情你在意吗?

佳佳　有那么一点在意,我在朋友圈发:"我现在真的是一点罪恶感都没有,各位生活愉快吗?"我甚至退出了所有班级群和班委群。

　　　我还是课题小组组长、物理课代表,是日常比较活跃的一个人,我的存在感应该算是比较强的。你难道不觉得这件事情和我的描述听起来天差地别吗？但这就是事实，我没有任何理由骗人。

- 5 -

陈瑜　你当时是以非常认真的姿态，跟父母聊休学决定的？

佳佳　非！常！认！真！
再不拿回主动权，我要么上新闻，要么现在已经变成了其他同学的样子，我觉得前者的可能性大一些。

陈瑜　你怎么跟他们说的？

佳佳　我跟我妈说的。我妈一开始看起来还挺吃惊的，但是觉得我的逻辑很清晰，理由很充足，表达方式非常容易接受，所以就算是我妈这样的人也是能够理解的。

陈瑜　她有劝你吗？

佳佳　有，后来劝了，但是我这个人不太听劝的，你得拿出让我信服的实据。我很倔的。

陈瑜　你爸怎么说？

佳佳　我爸不是一个可以交流的人，后来他不知道是妥协了还是怎么着。反正这个人，哦，天哪，我只能这么说，我只承认在血缘关系上，在法律文件里，他是我爹。

陈瑜　你对他的距离感这么强？

佳佳　这么说可能有点夸张吧，但实际上还要更强些。

陈瑜　你从他身上没有得到过父爱吗？

佳佳　不仅是没有得到过父爱，可能还总是得到负面反馈！我这么说可能不尊重他，但我不会因为他而为我说的任何一句话道歉！

他也是一个从小缺爱的人，小时候是农村的，四五岁时早上起来，父母都不在家，桌上只有一碗粥、一盘咸菜那种，家里既没有钱，也没有人。

他是家里长子，还有弟弟妹妹。我爷爷很差劲，对家里孩子一直都不好，特别凶，脾气特别臭，不是什么善类。

我妈那边也有点问题，毕竟他们都是农村人。可能这是偏见，但我看到的事实就是我舅舅和我姨都有一点爱占小便宜。我妈是家里唯一一个考出来的。

陈瑜　你爸妈当年也都是靠着读书……

佳佳　（打断）对，都是靠着读书到城里来的。

陈瑜　所以他们也会认准读书是最好的一条路，可以改变命运、改变阶层。

佳佳　对呀，他们没有看到这个世界上不止有一条赛道，他们也没有认识到生命不在于比速度——比速度的话也太蠢了——而在于比厚度和宽度。

陈瑜　这样的想法，你跟他们交流过吗？

佳佳　我有一次很郑重地跟我妈讨论一些很严肃的问题，然后她只是单纯地觉得："哟，你怎么会想这样的事情，这些事情跟你没有关系才对呀。"真的不太聊得来。

陈瑜　在整个成长过程当中，你觉得其实父母对你是不理解的？

佳佳　他们离我很远。我住在这个房子里，这仅仅是房子而已，我甚至不愿意称它为我的"家",因为事实上真的不是。

陈瑜　记忆里没有一刻感受到家是温馨的吗?

佳佳　没有!没有!我没有感觉到这是依靠,我只感觉这是负担。我曾经设想过:如果我有一个孩子,和我现在一样的情况,我应该怎么跟他说?最终我觉得,这太难了!
虽然是这么回事,但是我依然不体谅我的父母,这您放心吧。

陈瑜　你其实也能感受到他们现在很难?

佳佳　难归难,但难受的是谁?他们难受,我也难受,我比他们难受得早,所以他们要跟我一起难受下去!

陈瑜　有报复的成分吗?

佳佳　当然有了。

陈瑜　怎么说?

佳佳　我不会加剧,但是我也不会改善。

陈瑜　你不会改善,是指什么?

佳佳　他们有什么期望,他们之间有什么问题,我不会去改善——这是我的复仇,This is my revenge!
我不会管他们,就像他们从来没有真正地在心里管过我一样!我都没有加倍奉还……

陈瑜　你会用"糟蹋"自己的方式来复仇吗?

佳佳　不会,他们两个早已经把自己糟践够了,为什么我要糟践自己?

陈瑜　什么叫"他们已经把自己糟践够了"?

佳佳　他们活成这个样子,我都替他们感到可怜!尤其是我爸,我替我爸感到可悲!

你不知道一个人可以自信到什么程度——他是那么的普通,却又是那么自信。他脑子很好使,当年的分数是可以上清华的。因为这个,他太自信了,不是一个能沟通得来的人。公司里签5年的工作合同,他从来没有干满过,然后他大言不惭地说自己在公司的人际关系很好,只是有人加害于他而已。所以说,我可怜他,但我不会原谅他;我体谅他,但是我绝对不会原谅他!

初中的时候要写记叙文,经常要牵扯到家庭,我从来没有写过真事,就这样。我很苦恼,就想中考作文题不要让写家庭记叙文。要为这五斗米,我折这腰,真的很恶心!`

陈瑜　你在家休学,对你爸爸来说是尊严上的打击吗?

佳佳　关我屁事!他打击我尊严的时候,顾及过我吗?没有啊!尊重向来是相互的,对吧?

陈瑜　你现在在家,爸爸妈妈目前是什么状态?

佳佳　我管他们干吗?!我这时候还要管他们,那也挺无聊、挺自讨没趣的了,不是吗?

陈瑜　但是他们的情绪或家庭氛围应该会对你有影响吧?

佳佳　这个对我影响不大,因为他们的存在感在我这里已经不太高了,平时在家里也是这个样子:我爸没啥话还是没啥话,我妈唠叨的时候很唠叨……不想跟你描述,一提到这个,我突然就没劲儿了,比讲自己还难受。

陈瑜　嗯,那你理想中的父母是什么样子的?

佳佳　我感觉父母至少要支持孩子,至少要在孩子伤心的时候安慰孩子，而不是告诉他："你的伤心是多余的！"
我妈最近看的一本书，讲要"托住"孩子，还挺贴切的。

陈瑜　你觉得你没有被托住过？

佳佳　没有，但是我给自己建了个底，现在我把自己托住了。至于这个底是什么样的，能不能支住，还能支多久，我不知道。但是我肯定它能支的时间不会很长了，我得去修缮一下。

陈瑜　怎么修缮？

佳佳　不知道。我对明天会干什么都不知道，我怎么会知道这个。

- 6 -

陈瑜　你说你可能会上新闻。在特别黑暗的时刻，动过这样的念头？

佳佳　我寻死过，救护车是来接过我的，大概在初二初三。我现在也不是很想评价救护车接到我了是好是坏。

陈瑜　是因为服药吗？

佳佳　猜对了！而且服的是我一直以来吃的哮喘药。
有一次我误服了，这药最短间隔是 8 小时，我妈喂快了，我 4 小时吃了两次，心动过速，直接去了医院。那次是意外，没有造成太大的问题。
后来有一天我爸妈在吵架，然后我把一板 12 粒药吃下去，被送去医院洗胃。他们应该是吓坏了吧。
我知道他们肯定不是"演"吓坏了，但是感觉上他们确实是"演",压根就没有想着坐下来和我好好谈谈,只是觉得我在闹情绪、闹别扭。

我妈可能多多少少认知到这是正经的问题,但是改变也比较少。我爸……我怀疑他那大学文凭是不是假的呀!他还是硕士呢!

陈瑜 发生了什么事,让你一下子吞了12粒药?

佳佳 不记得,也不想去想,我是一点点灰心的,不是因为某件很具体的事情。

陈瑜 那个时候,没有去看医生评估一下吗?

佳佳 居然没有,我的父母不是那么开明。他们要是开明的话,我肯定不会是现在这个样子。

陈瑜 你对你爸妈有蛮深的怨恨,我感觉。

佳佳 是,我承认,我很乐意承认,因为承认了也不会怎么样。

陈瑜 他们自始至终没有多大的改变吗?

佳佳 我爸不是那种能够听人话的人,我妈想改,但一是容易忘,二是就算努力改了,也没有多大成效。她就像计算机里一个叫作"只读存储器"的东西,只能被读取,读一遍运行一遍程序,但是不能被写入和修改。

陈瑜 但是初二初三发生这么大的事情,你能看到她的焦虑和恐惧吧?

佳佳 我看到了,她不止一次在我面前哭着悔过,她自称她知道自己做错了什么,她说她会改。

陈瑜 你对父母的改变,抱有期待吗?

佳佳 我当然期待他们改变,但希望存微。

- 7 -

陈瑜 开学第一天没有去上学,在家是什么心态?

佳佳 我可爽了!我甚至没有意识到他们那天已经开学了,后来想想看,那些人好可怜啊!

陈瑜 你可怜他们什么?

佳佳 他们不觉得自己这个样子有什么问题,他们意识不到有些事情不应该是这个样子的。

亘古如此,是的,它已经存在好多年了,没有人真正反抗成功过,甚至没有人提出过异议,但这是有问题的!

陈瑜 你现在是一种反抗者的姿态?

佳佳 那也不是,我不可能竖起反抗的大旗,但是能甩掉就甩掉,像甩掉一坨鼻涕一样。有些东西是甩不掉的,那可能就像鼻炎一样。

对,上学像鼻炎!难受,让你吃药,难以根治,但是又不会彻底影响你的生活。哇,我觉得这比喻好形象!

陈瑜 那你现在以休学的方式治好你的"鼻炎"了吗?

佳佳 我怎么知道?为什么非要治好?反正呼吸通畅了,可以在吃东西的时候吃出味来了,爽了就对了。或者不是爽,是放松,放松就是一件很爽的事情,只要开心了就值了。

我很清楚休学可能会带来一系列影响,首先很多企业是不会要我的,大学面试也可能会不过,然后导致更难有企业要我。

但相较于考虑那些事情，我总得先活下去吧，不然真的要上新闻了。所以，休学，我觉得"得"，不一定"值"，但如果不这么做的话，肯定会吃亏。

陈瑜 现在的每一天是怎么度过的？

佳佳 基本上是想几点起就几点起，然后自己做饭或者出去吃。心情和天气都好的时候，会在外面骑上几小时的车，乱骑，耳朵里听着东西，很开心，真的很开心，然后回到家就差不多下午 4 点了，继续玩游戏。

陈瑜 还会跟进学习教材之类的东西吗？

佳佳 不可能，我要是心里还惦记着这点东西，我现在就应该躺在学校里。

陈瑜 对于现在的生活，满分是 10 分，你打几分？

佳佳 其实也就只有及格分，因为没有人啊。怎么说，7 分吧，毕竟有一个同学可以聊，还有很多游戏群，由于我游戏打得比较好，理解也比较深，所以有一定的话语权。

陈瑜 孤独吗？

佳佳 当然孤独了！因为我那个同学虽然在国际学校很轻松，但我总不能全天候去找他。

陈瑜 你现在休学，你妈或者学校老师一定会问你对未来的打算，你会怎么回答？

佳佳　我对明天都没有打算，我对未来能有什么打算？！

陈瑜　我猜测从家长的角度，听到这个说法，心里会蛮没底的。

佳佳　哦，是吗？他们从来没有让我踏实过。
　　　有的事情，我只要想做还是能做到，而且可以比较轻松地做到，但是我是不会保证的。绝对不会！

陈瑜　如果有一天你突然觉得，够了，你还会回去吗？

佳佳　那也不想回去。很多单机游戏可以存档，当你做出了一个选择之后，可以让游戏进度回溯到你做这个选择之前，但学校不能。由于我对这批同学实在太失望了，所以不想跟他们相处。

陈瑜　做一个假设——虽然是在应试教育的体系里，但你的高中同学是一群非常棒的人，很有想法，你跟他们也挺聊得来，你是不是有可能不会休学？

佳佳　那酷爆了好吗！那现在我恨不得住校，恨不得不回家里，因为家里也很糟糕。
　　　只要班级里还有一两个这样的同学，我都会去上学。

陈瑜　是因为应试教育的逼迫，还是因为同伴让你失望？如果这两个都是你休学的原因，你觉得哪个比重更高？

佳佳　我人际焦虑指数 4.1 分，所以应该是三七开，应试教育占三成。但是应试教育造就了同学，所以应试教育占四成。

陈瑜　你对同伴关系如此在意，是因为你跟父母关系比较薄弱，所以你对外界有这样的一个需求？

佳佳　老师你想想看，首先在家里，我受到的关注一直都不是人文关注。父母生我养我是出于动物的本能，而不是爱，所以说我会很关注父母、家庭以外的事情。然而现实生活告诉我，即使离开了家，我也休想得到！

陈瑜 如果是这样的话，那休学之外还有一条路是转学咯？

佳佳 对，转学也可以，但是我也需要休息休息。

陈瑜 总有一天，你要再去寻求出路。对这件事自信度高吗？

佳佳 特别低哟，注意是特！别！低！我怎么会特别信赖未来的事情呢？我感受不到生活的真实感，真实感很缥缈，特别薄弱。我身边那条毛毯是我最亲的人，压力大的时候，就真的会抱着它一直哭。我找不到安心感，毕竟它不会真的回应我，是我自己在回应我自己。

陈瑜 有一种说法是，如果一个小孩子没能从自己的监护人……

佳佳 （打断）对对对，他会自己变成自己的父母。

陈瑜 你会很渴望爱吗？

佳佳 会。

陈瑜 有什么方法可以得到爱？

佳佳 我不知道，所以我在思考、我在理解。16年来，我基本上真的没有得到过这种东西。

同学们都在看很多恋爱题材的番剧，以前我没有感觉，现在考虑要不要去看。不过偶尔接触到一些，我就会觉得好嫉妒，人与人之间怎么可能有这么真实、这么亲密的关系呢？我愿意相信，但是我感觉我还是不太能接受。

陈瑜 你有喜欢过其他女孩子吗？

佳佳 （……）

老师，我就很奇怪，跟第一次找我谈话的人，我会说得这么直白，我是不是中什么"模因"①了？

陈瑜　哈哈哈哈。

佳佳　初中教了我四年的英语老师，昨天给我打电话。这个人真的是直男啊，和老师一比，我觉得他是个托儿，用来衬托老师你的。

陈瑜　哈哈哈哈，谢谢你这么恭维我。

佳佳　我终于讲了一个正经的高情商笑话！

陈瑜　哈哈哈，直男老师跟你说了什么？

佳佳　他就觉得我这个事情是可以挺过来的，没有问题的。
他知道个啥，他根本就不知道！但是我不讨厌他，这个人很可爱。

陈瑜　你和成年人之间有没有建立过非常好的关系？有没有在其他年长一点的人身上，寻找到某种情感上的寄托？

佳佳　没有。可能是心理有点小问题，不太放得下面子，人家也不一定愿意搭理一个破事很多的十几岁孩子，是吧？

陈瑜　班主任找过你吗？

佳佳　我读一下班主任到现在为止找我时说的所有的话。她给我发信息，但是我不是很想回，她依然幻想着我能在这学期回去。周一找过我，问我"心情怎么样，睡眠还好吗"，因为我之前跟她说过，我有点失眠。
周二对我说："没看到你的回复，那就盼望着你首先能睡得

---

① 常用来形容一些高度流行、在短时间内病毒式传播的内容，比如表情包、短视频、网络流行语等。——编者注

好，这是我最担心的。也希望你尽量放松自己，打开自己的心门哦，我们都在学校等你。"

没有人在等我，你放心吧。真的，少我一个人，又不会影响多少 KPI（关键绩效指标），没有人在等我。

陈瑜 你为什么不回她？

佳佳 不想回。她的关心是营业式的关心，确实也挺贴心的，但总感觉不是真心的。

陈瑜 你能够感受到别人真心的关心吗？

佳佳 我很少向别人讨要关心，所以我不太能感觉得到。

陈瑜 你曾经对别人付出过真正的关心吗？

佳佳 脑子里一直在想该怎么怎么样，但是我并没有真正地去做过。因为我知道只要我不去做，那还有圆回来的机会，关系就不会恶化。

陈瑜 你很怕你的关心会反弹？

佳佳 对啊，没反馈总比负面反馈强，我不敢尝试。很多东西都会在我眼前轻易地失去，好多回了。

陈瑜 其实爱别人也是需要训练的。

佳佳 是是，我总有一种自己能走出来的错觉，希望不是错觉。

陈瑜 那个在苏州读书的男同学，会给到你互相关心的那种感觉吗？

佳佳 那也没有，我只是很乐意和他聊天，他和我毕竟不是一类人。最好不要有和我一样的人。

陈瑜 为什么？

佳佳 因为挺可怜的。从道德角度上来讲，我认为我不应该希望有我这样的人，但是从感性主观的角度上来讲，我多么希望能有一个和我同病相怜的人。

我不会选择像我父母一样祸害一个小孩。我妈可能还好，她只是单纯比较愣，但我不会选择像我爸一样，为了让自己双螺旋的东西能够分一半给后代，去祸害一个和他年纪差不多的女性和一个比他小 30 岁的孩子。

陈瑜 你长这么大，是不是没有一个对象跟你建立过真正的情感上的关系？

佳佳 很不巧，是的。非常的不巧，但的确是这么回事。

我还挺希望有人爱我的，我甚至去摇一摇、漂流瓶上聊过好多人，但发现那是摇出来的、随机的。

陈瑜 为什么想着要去摇？

佳佳 虽然这和我自己一直以来的所谓的人设①差很多，但是很多时候，我真的需要一个——朋友。

- 9 -

陈瑜 在休学期间，你有自己要想明白的课题吗？

佳佳 我得知道为什么我要去学校，我得找一个生活的意义，我得去找找吧。不是吗？

陈瑜 你看着茫茫的未来是什么颜色？

佳佳 没有见过，但我希望它是大海的颜色。

---

① 网络用语，此处指在他人面前营造的形象。——编者注

陈默老师

点评分析

这是一个得了抑郁症、休学的孩子，因为心理力量不足，难以继续应对学习。这样的孩子常常会表现出没有办法建立良好的人际关系，还会对应试教育产生强烈的抵触情绪。

当今的孩子心理需求的起点都是很高的，他们要有安全感的满足、被接纳的满足、被尊重的满足，但佳佳在他的家庭里，得不到这样的心理满足，也不曾得到过支持性的力量。

此外，佳佳又是一个内心世界丰富、需要情感交流的孩子，他在精神上的需求远远高于他的父母，遗憾的是，父母跟他不在一个层次上。父母长期对他进行的说教是不起作用的，而且会让孩子产生逆反心理，他们谈话时不在一个频道上。但这样的孩子，随着年龄增长精神需求会越来越强烈，他的父母如果不自我成长，就会离孩子越来越远。

这么一个在家庭里面得不到能量的孩子，要到外面去迎战激烈的竞争，就会碰到困难。显然，佳佳不管是理解力、学习力还是智识，都不低于同龄人，但他选择了退出竞争环境。人都要进行心理防御的，他表面上很潇洒地与同学告别，但实际上脱离同龄人的群体，会让他内心非常痛苦，其实他是很孤独的。

像这样的孩子，要想得到改善，需要家庭和药物配合治疗。他的父母需要了解：当今的孩子有什么样的心理需求？跟上一代有何不同？上一代的人生经验在这一代身上为什么常常是无用的或者是不被接受的？等等。

他们还要了解：孩子对父母最基本的需要到底是什么？什么时刻才是一个孩子感觉最幸福的？也就是说，父母要学习如何成为当今孩子的父母。

这个孩子能不能去上学？当然能，但要取决于整个家庭系统被治疗——在专业咨询师的指导下，孩子获得充分的表达、认知得到调整，母亲修正跟儿子的互动模式。父亲个性上的一些弱点，要调整是有难度的，这就需要母亲在父子之间做好平衡。所以，这个家关键的是这位母亲的成长。

No.
———
02

"自卷"的学霸,
凌晨4点起床学习……

————————
蓁蓁／女／高三／广东
————————

概况：强迫症。

学霸，全国重点高中学生，有极高的自我要求。

蓁蓁在高考前三天加我微信，说可以聊一聊。

说实话，我不敢，担心影响她。我们约在高考结束后的第三天晚上，通了个电话。

蓁蓁所在的高中全国知名，在那里就读的学生都是过五关斩六将的超级大学霸，但到了高三，很多人出于各种各样的原因，没法继续上学或者参加高考了。

"我感觉我也没有办法跟别人说，他们就觉得我很'凡尔赛'[①]：你们都考得那么好了，而且往往在这样的学校读书的学生，家境也不会很差，为什么你们还会出现这么多问题？"蓁蓁说，"正好考完了，可以找个人来说一说之前的事情。"

我自觉采访过不少学生，也算有所"见识"，但蓁蓁一

[①] 网络流行语，此处指通过委婉方式不经意地展示自己的优越感。——编者注

路学习的辛苦和付出的代价,尤其是那种不惜一切的"自卷"①状态,还是突破了我的认知。对话中,有一刻,我有点绷不住了,心疼地说:"啊,姑娘呀,你对自己下手太狠了吧!"

蓁蓁给自己起了这个化名,有枝繁叶茂的意思,她在社交平台上用,希望自己不要太消沉……

- 1 -

蓁蓁 我高二考进了文科重点班,学校想多弄一些优秀范例,鼓励有艺术潜能的学生考美院,我觉得也是个机会,所以高三时就去集训了。因为考艺术学院,文化分要求不高,所以高三下学期回来,我进了普通班,但跟重点班那边的同学也有联系。

当时文科重点班45个人,有将近10个同学有心理问题或者身体不太好,没办法承受学习的负担,只能休学。理科重点班的同学也是这样子。

我感觉好像重点高中或者重点班的同学,更不容易变得开心起来,他们很压抑,包括高二时的我。

重点班的同学下课之后不会聊天,也不会去走廊,因为我们学校是允许带手机的,他们就在座位上玩手机,每个人

---

① 指自己令自己陷入内卷状态。——编者注

都把头埋得很低，都很紧张。

如果你没有办法在成绩上取得一定的回馈，就会觉得更加难受。

陈瑜 都绷得很紧啊。

蓁蓁 我从小有一种心态，如果看到别人在学习，无论当时是什么样的场合——比方说学校运动会，有的同学会带书看或带题做，我觉得别人做了，我没做，就会心里很慌张。

当时重点班的气氛就是这样，明明离高考还很远，但大家只要看到有一个人在学习，所有人就会开始"卷"起来，就觉得如果我现在不学，好像就落后了。

陈瑜 到了一定年纪，同学们不需要家长和老师的推动，就自己给自己上发条了，对吧？

蓁蓁 对，其实我们学校管得很松，不用穿校服，可以带手机，就算每天化妆也没人会管你。

别的学校的同学就会觉得好奇怪：为什么你们学校什么都不管，但是大家都能考那么好？就是因为，我们自己会把自己"卷"起来。

陈瑜 "卷"到什么程度？

蓁蓁 高一时宿舍6个人，我跟其中一个女生玩得最好。刚上高中时，数学比较难，我们两个有大概半个月的时间，每天早上4点起来，学两小时数学，到6点去吃早饭，然后开始背英语。

有一次，我们走得比较早，5点就出去了。我们学校几栋楼的中间有一块空地，摆了一些桌子，本意是给社团活动使用。但是我们发现，早上5点，因为进不去教室，班上那些学习好的同学开着台灯在天井里学习。特别是大冬天，为了防止自己睡着，他们在室外学习，很冷。

那些人到了高三，都是年级前10、前20名的理科班大佬。

陈瑜 4点就起来，白天学习不困吗？

蓁蓁 不困，我现在回想一下，当时心里是窃喜的，就是偷学的快乐。你比别人多学了，要保持住，如果上课睡着，你多学的效果就没有了。所以心里的那种窃喜，会让你一直保持精神的亢奋。

还有，你真的不敢睡着，是因为高中和初中的差别很大，你只要一分神，就会觉得一下就听不懂了，所以真的不敢上课睡觉。

陈瑜 你们那时候每天睡几小时？

蓁蓁 晚上12点睡觉，睡到4点，中午睡半小时，总共不到5小时。

陈瑜 好心疼啊！这样的状态维持了多久？

蓁蓁 差不多有半个多月，因为下一章的学习内容稍微简单了一点，所以我就调整过来了。一般情况是，寝室晚上11点关灯，我就开着台灯学一会儿，差不多12点睡觉，早上6点左右起床。

陈瑜 生理上亢奋，心理上会很紧张吗？

蓁蓁 会，我是很容易紧张的。

从初三开始，我数学考试就做不完试卷了，因为我起码要检查10遍考号，检查5遍选择题的涂卡，甚至觉得连两位数加减乘除都算不对，要算很多遍，所以我本身是很容易紧张的。一到考试，就没有办法调整自己的状态。

- 2 -

陈瑜 在小学和初中，你是不是属于非常拔尖的小孩？

蓁蓁 对，可以这么说。

陈瑜 进了高中，成绩处于什么位置？

蓁蓁 我们年级 800 个人，我排在 300—400 名。

我心里其实有预期，可能在这个学校会排得很低，不过第一次考试，发现自己排 300 名的时候，有放松了一点的感觉。

但是后面一开家长会，我又觉得这样不行，还是得继续往前，要不然的话，这样的排名也考不到什么好大学。

陈瑜 这个成绩能上 985 大学吗？

蓁蓁 这可以。

陈瑜 爸爸妈妈对你提出了更高的要求？

蓁蓁 我爸妈比较倾向于希望能看到我无时无刻不在学习。他们已经意识到，在这么好的学校，天赋上的差距让我很难从第 300 名变成前 30 名，但他们就是希望能够看到我无时无刻不在学习、努力学习、尽全力学习，以此证明就算我考了第 300 名，也是我真的只能考第 300 名，而不是因为我不够努力，所以没能考到第 30 名。

陈瑜 他们这样的心态，对你有什么影响？

蓁蓁 我觉得我对这个方面的追求会比较功利，每次一到大考，状态就会跟我平时差别很大。就像艺考之前，我准备了一个多月，非常非常辛苦，有一个多星期，每天凌晨2点睡，5点起，都没有觉得困，已经进入那种亢奋的状态了。

我有时候觉得自己还OK，还挺不错的，但有时候又会觉得自己真的很垃圾、很"菜"，情绪波动也会比较大。

陈瑜　什么时候会觉得自己很"菜"？

蓁蓁　比方说我做一件事情，得不到正向反馈的时候。

我做很多事情时，比较需要在过程中获得正向反馈，这样才能坚持做下去。一件事情，我喜欢它，肯定是我做它的初衷。但是如果我开始了之后，在中途不能取得一点进步或者好成绩的话，就会慢慢消磨掉我对它的喜欢，然后就做不下去了。

陈瑜　这种模式迁移到学习上的话，就意味着，如果我们非常努力，但成绩不够理想的话，那就很容易有挫败感，对吧？

蓁蓁　我后来意识到了这个问题，我发现我没有办法在面对学习或者说追求某种成功时，做到保持平常心，我会很在意结果，因此我的情绪起伏很大。

陈瑜　什么时候意识到的？

蓁蓁　高二。我高二的时候就觉得自己这个状态不太利于我的正常生活。这种状态延伸到生活上，也会导致我比较极端：如果我决定要做一件事，我肯定会不择手段或者说是不辞辛劳，一定要把这件事情做好。

但是这样的话，可能就会导致我为此投入特别多的精力，做完之后心力交瘁，需要恢复很久。比如疫情在家5个月，

　　　　我就用来减个肥，每天运动打卡，计算自己吃的东西的热量，从 60 公斤减到了 45 公斤。

　　　　虽然我现在保持住了，但是我没有办法好好吃饭，我很担心反弹，整天忧心忡忡的。

陈瑜　这比较吻合你爸爸妈妈的想法。你要全力以赴，不能因为没有极致努力，结果没能达到最好。

蓁蓁　以此类推，这样的事情太多了，我通过很极端的手段得到了结果之后，就开始担心万一结果没有保持住，会给我带来更糟的后果。

- 3 -

陈瑜　画画是你热爱的，在这个事情上，功利化的想法会弱一些吗？

蓁蓁　我小时候很喜欢画画，所以去学了。一开始我没有把考试作为目标，就一直画得很快乐。但是再到后面，我想拿它考试的时候，它又成了一个新的焦虑的根源。

　　　　所以到后面，我就总结出来了，根本原因不是我喜不喜欢它，而是一个事情进入了竞争体系，为了应试，我觉得我会背叛自己的喜欢。

陈瑜　你是一个竞争感很强的人吗？

蓁蓁　我的好胜心比较重，从小好像别人对我的评价也是比较争强好胜，不可以容忍自己做的事情不好或者比别人差。

陈瑜　"不能比别人差"，这个想法从哪里来的？

蓁蓁　我会有这样的想法，还是跟家庭教育观念有关。我爸妈看到了我有学好的潜力，所以他们就希望我不要浪费，希望我能够尽善尽美。

毕竟考试是需要排位的，大家都考100分没有用，你考第一名才有实质作用，所以慢慢地我就会朝这个方向发展。

陈瑜　高中之前，名次一直非常靠前，也有危机感吗？

蓁蓁　有，因为你要想办法保持住它。那种危机感是很自然的，即使你考得很好，你可能也还会有那么一两个不完美的地方，你就会很在意。

陈瑜　在意之后，会怎么做？

蓁蓁　我们家的习惯一般是大考完拿到成绩条之后，就开一个总结会，有点像对员工的绩效考核那种感觉。

比方说我这次考了全年级第二名，那为什么没考第一名？可能就是因为我的英语或者数学差了这么一点点。那么接下来，我们就会专门针对这门科目，制订一个更详细的计划，在下半个学期把这门搞好，让我能够在期末考试的时候，不说真的非得考第一名，但起码这一科要能看到显著的进步。

陈瑜　那补课多吗？

蓁蓁　不多，但我爸爸妈妈让我在家学习，达到补课的效果。每天做完作业大概是9点，然后听英语、复习、预习、做数学和物理，差不多12点睡觉。

我也没有办法不学习，我反而觉得补习的同学会比较轻松，因为起码他们可以在路上或者在补习班间歇，跟小伙伴玩得很开心，但是我就不行。

陈瑜 双休日也是这样过？

蓁蓁 对。

陈瑜 寒暑假也没有时间玩？

蓁蓁 没有。出成绩之前，就是老师改卷子那两天是可以玩的，就像过了个周末。

陈瑜 过年呢？

蓁蓁 一般可以从大年三十玩到初二、初三，反正就三四天。

陈瑜 所以一直是全力以赴的状态。

蓁蓁 对。可以这么说吧，主要还是以"勤能补拙"的方式学习。

陈瑜 小时候渴望玩吗？

蓁蓁 渴望啊，但一般都会被拒绝。我们家的规则比较明确：三天以内的小长假，不可以出去玩；三天以上的长假，可以跟同学去看个电影什么的。

但是去之前，我爸妈可能会说教一番，"你这两天都出去玩了，那你回来就多学一点吧"之类的，所以久而久之，我就会觉得这样子跟他们拉锯其实挺烦的，多一事不如少一事，也就算了吧。

小学的时候，考得好的话，老师会让我免做寒暑假作业。爸爸妈妈一开始会说，老师免你作业，如果你不做的话，就是你不努力的表现。到后面他们会说，如果你真的没有做，而你的竞争对手偷偷做了的话，那你不就吃亏了吗？

所以我后面就会以这样的理由，来不断地给自己洗脑，没有玩也没有关系，反正我把学习学好了。

陈瑜　你每时每刻都在学习，达到他们满意的状态了吗？

蓁蓁　其实也没有。我觉得网上的段子说得挺对的，我爸妈出门之前看见我拿着手机，如果他们回来的时候看见我还拿着手机，他们可能就默认我在他们出去的这一段时间都在玩手机。

陈瑜　你觉得这个状态是合理的，还是说你也有过反抗？

蓁蓁　我不觉得这个状态很合理，我小的时候是会反抗，觉得这样很累或者我不想学。我爸妈会觉得，如果我不努力学习，以后会后悔现在没有听他们的话。

　　　但是比较大一点后，到了初中，我就有很明确的目标，我要考一个好高中，到了高中，我要考一个好大学。这个时候，就会觉得反正结果是好的，过程不合理一点也没关系，不要追究了，这样你好、我好、大家好。我要是在家里面那么搞来搞去，只会让氛围变得很差。

陈瑜　从外在推动，变成了你自己内在也愿意进入轨道了？

蓁蓁　对，就是"卷"起来了。

陈瑜　优等生的日子快乐吗？

蓁蓁　我觉得没有很快乐吧，我开心的时候其实也比较少，大部分时候还是处在比较高压的状态。

　　　我拿到艺考合格证是个工作日，我差不多只开心到那个周末，然后就开始担心了：万一艺考通过了，结果文化课考试出了什么差错怎么办？然后，我们全家就陷入了一种新的恐慌。

陈瑜　你意识到这点后，会做一些改变吗？

蓁蓁　会，那时候我经常看一些心理学方面的书，尝试过一些疗法，希望能缓解我的这种强迫性思维。但是我发现我没有办法自己做到，这个事情给我带来了更大的困扰，一环套一环。

- 4 -

陈瑜　数学考试反复检查的情况，有跟爸爸妈妈或老师说过吗？

蓁蓁　我有说过，但他们觉得只是我对知识不熟练，做的题还不够，或者方法不太正确。

陈瑜　你自己觉得是什么原因？

蓁蓁　我觉得可能还是跟心理压力大有比较直接的关系。我放心不下，必须一直重复检查，才觉得好像真的是做对了。

陈瑜　后来有去寻求过一些专业帮助吗？

蓁蓁　也有过。高三上学期，艺考之前，当时状态特别不好，那种压力真的是冲到头上的感觉，我的情绪起伏很大，画画时手抖得厉害，有去医院看过。

　　　虽然出现了一些问题，但是家长的反应可能只是认为我学习压力太大了。

陈瑜　医生诊断怎么说？

蓁蓁　重度焦虑和强迫症，有比较严重的躯体化表现，还有中度双相（情感障碍）。

陈瑜　吃药了吗?

蓁蓁　医生开了药,我吃了一段时间,但是我妈觉得吃这种药可能还是不太好,或者他们觉得会影响思维、影响学习,让我不要吃了。

陈瑜　停药后怎样?

蓁蓁　也没有太大反应,现在它就是从持续性发作变成了间歇性发作,但是没有得到根本上的解决。我想着读大学的时候,自己去看一下,解决一下这些问题。

陈瑜　反复检查的行为是从几年级开始的?

蓁蓁　很小的时候就会这样子,可能是在一、二年级。
　　　我感觉我每件事情都要重复检查:出门时检查门有没有关;路上就一直检查包里面的东西有没有丢。

陈瑜　爸爸妈妈没有觉得需要去调整一下吗?

蓁蓁　也没有,可能因为我妈偶尔也会这样,比方说出门之后会一直觉得自己没有关门,他们就会觉得可能大家都这样。

陈瑜　情绪不好的时候,有倾诉对象吗?

蓁蓁　大部分时候不会跟朋友说,觉得把不好的情绪带给别人不太好。偶尔,如果朋友的状态都比较一致,我们就会一起互相倾诉一下,这种时候往往比较能够发泄一下。
　　　我也不会一直跟家里人说,因为他们会觉得,你怎么在外面都没有办法自己处理好这些事情,会觉得是你能力不足的表现。
　　　绝大部分时候我跟别人倾诉,其实是抱着一种想要别人来哄哄我的心态。但是如果我跟家里人说,他们会觉得我遇到了问题需要他们来帮我解决，所以越跟家里人说，越觉得来气，就觉得没有这个必要了。

陈瑜 你诊断出了结果，爸爸妈妈会意识到这是心理问题吗？他们需要给到你更多的关心，或者让你放松下来，他们有这个意识吗？

蓁蓁 我觉得他们是有这个意识的，但他们自己可能也面临一些心态上的问题，所以没有办法很好地把这种意识转化成具体的行动。

他们自己面对工作的状态，就是很严肃的。比如说我爸，他在生活中和工作中一样严谨，他着急的心态就会直接影响到他对我的情绪。他可能意识到了，但他也没有办法正确表达。他们看到问题的时候，只会更加着急，然后就会让我变得更焦虑。

陈瑜 最难过的时候，有到过休学的边缘吗？

蓁蓁 我应该还没有，因为我每次快到那个临界点的时候，总会有新一轮的目标，或者说抓到一点点救命稻草，让我能够坚持把一件事情做下去。

陈瑜 有一些患抑郁症的学生，是无法专注听课、无法正常完成学业的，你没有到这种状态？

蓁蓁 对，不仅如此，我每次在面对学习或者考试的时候，会发现自己处在那种躁狂的状态里，我可以选择不眠不休。

陈瑜 每天只睡这点时间，你的身体没有受到影响吗？我听说有些女生每天只睡 4 小时，后来生理期就紊乱了。

蓁蓁 有啊，我也会这样子，大概有三四个月一直不来，生理期一直都是紊乱的。

但是我其实会觉得这是个好事，因为我再也不用担心那个时期刚好考试。这个事情对我来说是不祥之兆，如果没有这个事情，我反而觉得卸下了一个心头大患。

陈瑜　啊，姑娘呀，你对自己下手太狠了吧！

可能目标的驱动力太强了，使得你可以抛弃很多东西，比如说时间、健康，你会觉得这些东西你都不是那么在意。

蓁蓁　对。

- 5 -

陈瑜　爸爸妈妈为什么那么在意你的学习？

蓁蓁　我觉得根本原因就是，我爸妈都有点那种"小镇做题家"的意思。他们就是"考一代"，所以他们认为只有刻苦学习，学好了之后，你才能保证阶层不倒退，然后一代比一代过得更好。他们可能会这样想。

陈瑜　我们投入时间和精力去达成目标，但需要以心理上的压力甚至是躯体上的症状为代价，你觉得值不值？

蓁蓁　很多朋友还有认识的人，他们的家长就跟他们说，身体健康最重要。但是我觉得现在就算有人跟我这样说，我也没有办法说服自己去相信或者这样做，因为我切实地从自己的举动中获得了成果。

陈瑜　假设你付出了代价，但是没有获得成果怎么办？

蓁蓁　之前也有人问过我,说"你万一没有考好怎么办"。如果真的到这种时候,可能大家就只能精神病院见了!

我应该没有办法承受这样的负担,我可能还是比较害怕挫折和失败。就是因为我害怕失败,所以我这么多年一直在尝试用各种各样的方法提前规避失败。

陈瑜　你都尝试了些什么方法?

蓁蓁　我会在做每件事情之前,做好最坏的打算。

我们家里会提前准备好 A 计划、B 计划,然后以此类推。你在执行某个计划的时候,不说 200% 地执行,你起码也得超过 100%。

我列一个计划出来,就真的必须把它做到。今天做不完,就要明天补上,不然我连觉都睡不好。

陈瑜　你会把自己的时间安排表排得非常细?

蓁蓁　会,我从小学一年级开始,每年订寒暑假计划表,国庆也有国庆的计划,规划每一学期和每一科的目标,然后考完试之后还有单科总结、全科总结。

我会随身带一个有时间轴的本子,就是那种记事本。我手机专门用备忘录把要做的事情提前写下来,怕忘记。

陈瑜　过这种有明确刻度的生活,是什么感觉?

蓁蓁　我其实觉得把事情全部记下来,这样并不能缓解会忘事或者做不好事情的压力,所以我不推荐别人尝试这样的方法,因为我做这个事情的初衷,其实只是转移我的焦虑。

如果我没有一个计划表,我每次想到今天要做什么的时候,就连把今天的事情想一遍,都会觉得是一个很大的工程,想得我心力交瘁。但是我把它提前写下来的话，我再怎么焦虑，也只需要把计划表读一遍，我就会觉得好一点，可以继续做事情了。

陈瑜　你的计划表会细致到每天几点到几点干什么，按小时来定吗？

蓁蓁　对。

陈瑜　然后非常严格地执行它？

蓁蓁　对。

- 6 -

陈瑜　你喜欢学习吗？

蓁蓁　我不喜欢，因为我会觉得所谓的学习其实就是在应对考试。如果我喜欢一件事情，我去做的话，会不计时间成本地深入探索。

陈瑜　你有真正展开过这样的学习吗？

蓁蓁　其实有的，我之前喜欢过那种比较小众的专业，比如法医和解剖，会去自己买书看。因为不需要考试，也没有人要求我看到什么程度，如果有别的事情，我可以暂停一下，然后回来继续看。它没有边界，没有里程碑，也没有一个终点，有时候就会让我觉得很快乐。

陈瑜　我上一次采访一个初二的姑娘，她也是一样，特别喜欢《尸检报告》。

蓁蓁　这本书我也看过。看这样的书已经不过瘾了，我直接买了华东政法大学出的一本法医学教材，把它拿回来看。

陈瑜　你为什么喜欢这些？

蓁蓁　这种东西，它很小众跟冷门，很少有人知道。你自己去探索，那就是一片新的天地，你就会觉得很快乐。

　　　我也很喜欢考古和历史，也看很多纪录片，对于它们基本上就是这样的一个学习状态。

陈瑜　也就是说，你还是有时间去做这些事情的？

蓁蓁　我做这种事情，一般来说我爸妈就算知道也不会阻止，他们会觉得这也算是对学习的一种补充方式。

陈瑜　其实学习对你来说也是分类的，对待为了考试的学习和为了自我探索的学习，你的状态是不一样的。咱们也不能说不喜欢学习，只是不喜欢以考试为目的的学习。

蓁蓁　是的。

陈瑜　即便你的成绩很好，你也没有觉得在以考试为目的的学习中获得太多的快乐？

蓁蓁　是的。

陈瑜　你就读过的这些学校，给到你一些什么样的观念？

蓁蓁　我从小到大的老师都比较好，希望大家学习的时候努力学习，玩的时候不要老想太多。

我小学和初中读的是普通学校，高中低三个层次的学生都有，老师没有办法改变，只能教好愿意学习的学生。

到了高中，老师可能受校风的影响，本身也会比较开放、开化一些。我们高一不分重点班，很大的原因就是学校觉得你既然能考进来，应该就不是什么成绩不好的学生，大家就应该在高一更好地交流一下，或者学一些功课以外的东西。

陈瑜 同学之间会有影响吗？

蓁蓁 我高三回来之后进了普通班，我们班只有一个男生的成绩在文科里面算比较拔尖的。大家提起这个事，从来不会觉得很酸或者很嫉妒，都是发自内心地认为他是我们全班的骄傲，我们要好好保护他，他跟大家也很玩得来。

但是在重点班的话，大家之间没有什么交流，每个人都会想着，如果我在班上稍微大点声讲话，会不会就影响到了别人休息或者学习，所以大家的关系就越来越僵了。倒不是抱着恶性竞争的想法，但他们之间也不会有那种一起努力的感觉。

陈瑜 对你来说，到了普通班，状态会比较松弛。

蓁蓁 对啊，我到了普通班之后，真的过得很快乐。虽然要面对高考，但是大家会在一起吃东西、聊天，下课了我们会去一楼的空地踢毽子。

我称之为 get（领悟）到了"普通人的快乐"，就是比上不足比下有余的快乐——小康的生活，不用为了要到金字塔最顶尖的一小块地方，天天竞争来竞争去。

陈瑜 你会甘于做一个普通人吗?

蓁蓁 现在让我放弃这些的话也很难,但是我觉得如果一切都是刚开始的话,做普通人其实挺好的呀,没有什么不好的。

陈瑜 普通班的这段经历,也给到你一个新的视角。

蓁蓁 对啊。

陈瑜 听下来,学校教育倒没有特别强化你们的竞争感,可能家庭带给你的影响更大些。回过头来看,你怎么看待爸爸妈妈对你的教育?

蓁蓁 算是那种"经验之谈"吧,真的只能这么说,因为他们都是这样过来的,他们也就是用他们觉得最好的方式在教育我吧。

陈瑜 你对这套方式怎么评价?

蓁蓁 我觉得还是不够全面。

陈瑜 缺了什么?

蓁蓁 性格方面的。我真的会很在意结果,以至于我完全可以忽略其他所有东西,太投入,任何事情都不可能影响我、撼动我,别人会觉得我这样子很不可理喻吧,也就没有办法跟我沟通。

陈瑜 眼睛里只有那个目标,全身心投入,像一部机器一样开动起来。

蓁蓁 嗯,对。

陈瑜 人不可能一直过这种高强度、高焦虑的生活,说实话,会比较辛苦。

蓁蓁 确实,如果你一直很高强度、高压力,就没有办法好好生活。我一直觉得我可以像工作一样生活,但我没有办法像生活一样工作。

我的理想生活状态还是偏向自由职业，搞艺术"不务正业"的生活状态，才是我理想的生活状态。

陈瑜　其实你向往那种不受约束的、自在的状态？

蓁蓁　对。

- 8 -

陈瑜　对未来大学 4 年有什么期待？

蓁蓁　大学可能就是一个比较新的开端，我觉得我应该利用好大学的机会，弥补一下自己之前在学习以外的不足。

但是偶尔我也会觉得，会不会我这个暑假玩得太开心，到了大学发现大家都学了很多东西，我什么都不会，所以我还列了一点书单之类的。

陈瑜　那种自律已经融入你的血液了，或者说那种危机感。

蓁蓁　对，我觉得是危机感。我不是很自律的人，我是那种为了做到一件事情，可以狠下心来逼自己的人。

但如果这两天没有什么事，我真的可以做到躺在床上天天睡到 10 点，然后拿起手机玩到下午。

陈瑜　过这样的日子，有什么感受？

蓁蓁　我觉得很放松，真的什么事都没有。但是我觉得如果长期这样的话，我就会又产生新的焦虑，会觉得这样生活是不是太空洞、太空虚了，是不是不太好。

对现在这种放松的状态，其实也不是很满意，我不能从现在开始就一直这样放松下去。

陈瑜 你对自己的状态满意过吗？

蓁蓁 好像没有，总是会有那种"但是"，比如"这次考得还可以啊，但是……"。我现在有更多的时间反思一下，到底是哪个环节出了问题。

陈瑜 反思下来觉得是什么问题？

蓁蓁 我觉得很大的问题，就是我没有办法以平常心面对结果上的失败或者成功。

我一直在担心、害怕失败，但是我从来没有失败过。按之前老师的说法，"你一直太担心失败，但是你真的从来没有失败过，所以你就没有办法体会真正的失败是什么感觉，所以你就会一直觉得它很可怕"。

陈瑜 现在应对的心态和能力会更强一些吗？

蓁蓁 我觉得暂时还没有吧，这种事情真的没法想，没法想。

陈瑜 没有人一辈子一帆风顺，我们的人生总会有不如意的事情发生，总会有意料外的失败要去遭遇。

蓁蓁 对啊，所以我现在也在想这个问题。

尽管大家都花费了这么多心思在高考上，但总会有人失败，总会有人成功。成功的人可能真的在之前付出的努力比失败的人更多，但感觉即使真的失败了，好像也不像他们想象的"天都塌了"，他们中的大部分也可以过上自己想要的生活。

我就在想，那样会不会又是一种新的机会呢？

陈默老师

点评分析

榛榛生活在一个非常极端的环境中，无论是家庭环境还是学校环境。在这种极端环境中成长的孩子有些共同特征，他们会形成非常强的竞争感——绝不能落后于别人，学校对他们来说就是竞技场。

在这样的环境中长大的孩子，容易具有强迫性的人格特点。这种强迫人格特点有时候显示出来的是好处，比如孩子显得非常自律，但是自律过度了，强迫人格的反面就要表现出来了，就会容易形成强迫症。

现在，带有强迫症状的孩子也开始多起来。时间长了，强迫人格形成了以后，他们是不会让自己放松的，一旦放松两天，就会批判自己，神经像失去了弹性一样，只能整天绷紧。

这类孩子最大的特点是不能面对失败，如果遭遇了失败，会没办法释怀。我们有时候讲"谋事在人，成事在天"，人生旅途中，做成一件事情需要"天时地利人和"，不像在课堂里读书那样，只要努力就会有好的结果。走向社会之后,如果收获的不是理想的结果、最佳的结果,他们将如何面对呢?这涉及人生观、价值观的问题,都是需要家长在孩子成长过程中给予正确引导的。

所以学校也好,家庭也好,如果教育环境对于孩子过度约束、过度规则化,对孩子的伤害是很大的。尤其像蓁蓁这个孩子在很小的时候,父母给她做很细致的时间规划,精确到每小时干什么,并且要求孩子一定要干成,那她自然就会形成强迫人格。

这就是教育环境塑造的结果,涉及家长和老师的教育观念。教育环境要张弛有度,什么事情一旦做极端了,就会产生极端的结果。教育不能一味地宣扬竞争,教育更应该告诉被教育者的是合作,合作才是人类生存的本质特征。不管是家庭教育者还是学校教育者,都要有这样的理念,而这点恰恰是我们非常缺乏的。

实际上,蓁蓁自己也意识到这个问题给她带来的困扰,她可以进一步去探讨、去研究如何摆脱不能面对竞争失败的问题——这是她将来成长中的课题。

还想说一点,我们见到学业成绩一流的学生没有一流的胸怀、一流的眼界,没有展开对世界、对人类文明、对建立更高宇宙观的思考和探索,这是有些可惜的,因为这类孩子的认知水平、理解水平往往都是高于同龄人的。真希望他们的眼界和心胸也是一流的。

No.
———
03

"上学之前,我一直觉得司机和阿姨,像我爸爸妈妈……"

零／女／初三／上海

概况：抑郁倾向。

在人际交往中不自在、不自信，自我价值感不足。

零的妈妈是我朋友圈里最有干劲的人之一，她像太阳，永远能量满满。

认识零的人都说，零和她妈妈很不一样。零干净秀气，有16岁这个年纪独有的好看。我夸赞她，她回说谢谢，但对于别人说她的好，她内心里是不认同的。

我们的对话从她转学聊起，她直言不讳地说她没有朋友。我一直想弄明白：被父母视若珍宝的她，为何自我价值感却不高？

中途我们聊到了死亡，我忘不了她沉吟很久后抬头看我的眼神："死亡离我很远吗？我觉得它离我很近很近。"

从那一刻开始，我们去往海平面下方的冰山……

- 1 -

陈瑜 都读到初三了,为什么会想到转学?

零 我离开的很大一部分原因,并不是学业压力,而是我没有朋友。

我本来以为是我哪里不好,他们才讨厌我。离开这个学校之后才想明白,我没有办法融入他们,可能是因为我们本身的想法和价值观就不一样,所以我会感觉,不管怎么努力都很奇怪,然后就不行了。

我们班有的同学比较有钱,就有一点暴发户的感觉,不是很有素养吧。他们三四个人自成一个小帮派,共同爱好就是买那种贵的鞋,每天换一双。里面有一个女生长得还比较好看,很喜欢发自拍,穿名牌,然后一堆人叫她富婆。

感觉他们很以自己为中心,没那么在乎别人,比如默写的时候,非得要别人给他们"放水"。当然这也不算什么,主要是觉得男生没啥脑子,女生对人有很大的恶意,我不知道算是嫉妒心还是什么。

班主任觉得我挺乖的,我爸会剪音频,我们一起能帮忙就帮忙。每次班主任都会因为各种各样的事情表扬我,其实我也没有额外给老师好处,也不巴结老师,就是很普通的关系。只不过渐渐地,我才发现原来自己已经被他们讨厌了。一个转走的同学跟我说,他们觉得我很恶心,觉得我很"绿茶"①、很做作,觉得我是老师的人。

我跟他们讲话他们都不理我,那时候我挺难过的,也不太理解。我一直带着这样的困惑:为什么他们不理我呢?最终我知道了。

我有个同学,关系也算还可以。那天我记得很清楚,是圣诞节,星期五,我们放学回家一起走,我就问她原因。

她讲了很多事情,说可能我一开始比较向着老师,做值日班长、小队长的时候一直不给人家"放水"。他们喜欢翻记录本,看到自己名字被记了,就跟我说"你给我涂掉",我不同意,他们就很恨我,还告到老师那里去。我记得,他们还发朋友圈,向我竖了一个中指。

我初一有一次考得挺好的,好像年级前35%了。老师期末会给成绩进步或者成绩优秀的同学发奖品。所有人都拿了奖品下去了,我当时很蠢蛋的,我说:"老师,我能抱一下你吗?"

陈瑜 哦,我大概能想象同学们的反应。

零 我觉得我很有病!其实那时候我也没觉得老师像妈妈,只是稍微有点,我也不知道怎么解释。

从那一刻开始,好像就是对他们表明我的立场了,他们就絮絮叨叨。我也没啥朋友,自然没有人为我发声,他们的立场肯定都是一边倒的。

陈瑜 你要抱一抱老师,也没什么企图,没有要谄媚她,要从她

---

① 指表面善良、无辜,背后却居心不良的性格。——编者注

那里获得好处，对吧？

零 他们觉得我就是这么想的，真的好心酸。

后来有同学做各种各样的事，老师知道就会处理。就有同学说："老师这么快知道，就是她跑去通风报信的。"我不属于这种人。

他们都不喜欢这个老师，觉得老师老管着他们，很不赞同她的一些观点，但其实她也没做什么很过分的事情，就是那种体制内的老师。

他们把对老师的不喜欢投射到另外一个人身上，然后可能就疏远我了。我后来觉得，他们既然对别人有这么大的恶意，感觉也没必要非得去融入他们，本来就不是一路人了。我们班长得好看的女生，喜欢自拍，对着镜子摆弄那种大蝴蝶结。其实我觉得也没什么大不了的，人家爱怎么着怎么着，又没有影响到别人。但是在他们眼里，这种行为，好看的人做就一点事都没有，他们觉得不好看的人干什么都是做作、很恶心。

我原本没有因容貌而自卑，但是现在确实有点严重，我感觉应该是从那年圣诞节我同学跟我说的那句话开始的。"为什么他们会觉得你做作呢？"她就说了一句，"毕竟你……"然后做了一个表情，指指我的脸，我当时就倒吸一口凉气。

感觉我们这个班，有点像小社会。其实男生还是占主导地位的，他们喜欢标签化女生，对班里长得不太好看的女生评头论足，开那种很难听的玩笑；好看的女生就会有很多人气，因为男生都觉得她好看，所以她做什么都可以被包容,哪怕她说脏话;不好看的女生,除非你很搞笑或者很开得起玩笑,有谐星味道,他们才会跟你一起玩;个别人岁月静好,有自己的小团体;还有另外一种,被群体抛弃了,就自己待着,觉得没必要这么捣鼓,跟这帮幼稚的人玩。

陈瑜 你为什么不走到"岁月静好"那一堆去?

零 因为我没有朋友啊,说来有点难过。

我从记事那一刻开始,幼儿园小班,小朋友天天玩过家家,我就跑来跑去,他们都说:"我们这儿人够了,不要跟你玩了。"然后自己很无聊地跑过去拿了两个发卡,卡在头上,回家。

陈瑜 为什么小朋友不和你一起玩?

零 可能因为我是小班转进去的吧,那时候也没觉得怎么着。

小学的时候,有个同学的家离我家近,在我家吃饭、写作业,然后她爸领她回去。我们好像关系很好,其实并没有。可能她跟我的性格并不是很合,在学校里她也没怎么跟我玩,而是跟她的好朋友玩。

我真的也没啥留恋的同学,因为他们实在也没给我留下什么印象。动不动就说"我跟你绝交了",很搞笑,很幼稚,也没什么意思。

一直到初中,我就感觉以班级为单位的团体里面,你要从一开始就先下手为强,或者先让人觉得你很受欢迎。你不仅得跟大家玩,你还要锁定一两个目标,天天蹭来蹭去,这样才能成为她们那种名义上的好闺密什么的。

我和两个女生放学一起走，回到家或者说还没踏进家门，我就开始哭，我觉得很难过。你看到别人这样一个关系，但你感觉自己死都融不进去。

我不喜欢这帮同学，我感觉天天跟自己很讨厌、同样也很不喜欢自己的人待在一起，很累。十几岁，也就这么点时间，为什么一定要耗在那些讨厌的人和事上？我就很想离开这个地方，就走了。

- 2 -

陈瑜 新学校适应得怎么样？

零 本来还有点紧张，以为我一个半路转进去的人，是不是跟他们一帮人都玩不起来。

我可能也有一点认定了，我并不是那种很受欢迎、很有人气或者说让人觉得想跟我玩的人，因为我不怎么玩游戏、不怎么看动漫、不怎么看球赛……反正他们很多的共同兴趣，我真的没有，我好像确实是个挺无聊的人。

后面新来一个室友，她就很能跟人玩，天天跑出去跟另外一个宿舍的人玩。宿舍就剩我一个人，但是我突然觉得也并没有什么不好。

我现在跟很多人也没有很熟，因为我们走班，没有很多课在一起上，也没有很多梗是一样的。他们凑在一块儿去玩，有群或者怎么样，也并不影响我们日常的交流。

这个学校大家都比较冷漠，当然也不会很讨厌你，因为他们对于自己和自己朋友以外的人，也并不是那么关心。

后来我也有一点懂了，有的人适合跟一群人一起，大家都很开心，也适合一起出去玩，他在人群里如鱼得水；而有的人适合一个人待着。我渐渐终于发现自己的定位了，也终于没那么笨了。

我会想很多很多关于人和社会、人和人之间关系之类的问题。我比较在意，因为对我来说变化也挺大的，从我以为我很讨厌、我很蠢，到稍微有一点点接受自己。

我可能注定不是那种泡在人群里的人，我就比较适合一个人待着，或者说和那么几个人待着。虽然我也挺想那样子玩的，但我那样玩的时候，发现自己就不是那种人，会觉得策划或者说哪怕只是参与，都很累。

我就不太喜欢那种聚会，会让我觉得空气有点凝固、有点尴尬。我觉得我讲话也没啥意思，我也不是很会挑起什么话题，我也没有绝大多数人的那些爱好，所以没什么好谈的。那讲也讲不出话来，还有什么好聚的？

陈瑜 你会渴望友情吗？

零 会。我也不一定是渴望友情，我可能渴望的是关系。

我幼儿园时有个朋友，她有个弟弟，特别皮，就搞得她脾气超级好。可能是被磨炼出来的，她特别有耐心，我就跟她关系好。

我在这个学校关系最好的朋友是一个男同学。他为什么跟我玩得好？因为他有两个弟弟，所以他超级温柔，超级有耐心，不会觉得我很烦，他很包容人。

可能是我的通病，跟我玩得最好的人基本上都是家里有更小的孩子吵吵闹闹，被磨炼了心性，这种人才能跟我玩。

陈瑜　你需要一个包容度非常强的人成为你的伙伴。

零　对，所以我意识到这一点，就觉得我并不渴望友情，我可能渴望的是关系，渴望的是包容。

陈瑜　这种关系更像孩子需要母亲无条件的爱。

零　因为我没什么朋友，我也不知道这样是正常的还是不正常的。我有一点点封闭，我也不想约谁出去玩，我也从来没有什么姐妹、闺密。

陈瑜　你觉得舒服吗？

零　舒服。

陈瑜　譬如大家中午去吃饭，别人是三三两两坐在一起的，有可能你会形单影只，这样的状况下，你觉得真的自在，还是说其实是不得已，要假装自己不在乎？

零　对我来说，一个人吃饭可能还是有点难过，但不是完全不能接受。我确实会羡慕他们，但也不觉得非得像他们那样。我感觉我不会那么渴求友谊，因为我的想法是，要是有缘分，自然会碰上一些人，没有碰到，怎么强求也没用。我觉得人好像真是有频率的，如果对不上的话，就没有办法。我觉得去认识新的人，努力融入他们，也很累，这种关系可能带给我的负面影响大于正面影响。

陈瑜　你对朋友的期待是什么？

零　我希望他们有耐心，因为我不像其他人那么有意思，总是有很多话题，总是很有趣，总是会带你玩，比如知道很多可以"打卡"的好地方，我就不是那种人。

我会聊一些可能没那么有趣的话题，比如你觉得长久关系应该是什么样的——就很无聊的问题。

陈瑜 很形而上啊。

零 我可能有一丢丢哲学思维，我是不敢说自己很牛的，我就觉得自己很烂。

陈瑜 你愿意和别人探讨这一类的问题？

零 对，这可能是我的兴趣。我觉得我是属于那种有些方面比较成熟、有些方面非常幼稚的人。

陈瑜 什么方面成熟，什么方面幼稚？

零 我也不太敢说自己哪里成熟。据我妈说呢，她觉得我对于爱情、生活、生存还有人和人关系的思考，比很多人都成熟，觉得我现在的想法，会让我少走些弯路，挺清醒的。

在跟人交往上，我确实是个挺幼稚的人。跟不那么熟的人讲话，我都有点手足无措。我讲话有自己的节奏，我不太会融入别人的节奏，有点像无聊的老年人。

陈瑜 说起来，我觉得你妈是一个社交达人啊，她在这方面是顶级的。

零 我觉得她很厉害。对，她真的是顶级的，结果我却往反方向发展。

陈瑜　你妈妈无论和相识已久的老朋友还是和刚认识的新朋友，都能非常好地建立各种关系，你从旁看，没有受到她的影响吗？

零　没有。

陈瑜　为什么呢？

零　四五岁的时候，我就记得经常会有很多人来我家吃饭，她属于八面玲珑的人，"八面玲珑"不是贬义的。她很真诚，很有经验，跟很多人做有共鸣的事情，搞企业、搞投资、搞公益，乐于帮助别人，而且有能力。她会有认识很久的朋友，早年就认识的，然后一直维持到现在，像战友。

她是一个很会调频的人，跟各种人都合得来。她会很努力地看到别人好的一面，如果不认同对方某些方面，她会保持关系，但不会太近，她有自己的原则和底线。她至少在这方面，真的很聪明。

陈瑜　你把你妈分析得挺透的，你会留心去学她在人际交往中的一些方法吗？

零　我知道她有这个能力，但目前我不会为了像她那样有很多朋友，就那么做。

陈瑜　为什么呢？

零　我目前最想要的，可能是更理解和接纳自己，更多地探索自己，所以感觉没有那么多的必要去拓展很多人际关系。

陈瑜　你理想的关系是什么样子的？

零　我希望朋友间至少有一些共同爱好，而且并不只是一点点，比如说同一个游戏或者同一个片子，那实在是很浅。我希望是同一类的兴趣,比如说他喜欢阅读或吃美食,我也喜欢,这才算是一个共同爱好。

至少要有差不多的价值观,对于世界、金钱、工作这些看法要差不多,然后大家都了解对方的性格和喜好,清楚对方的底线和不舒服的点。

对于理想的伴侣关系,我可能很多的印象是来自我爸爸妈妈,受到了潜移默化的影响。要求跟朋友差不多,但是会更高一些,至少两人对于爱情占生活的比重这个想法要一致,都要很现实。

我个人觉得伴侣关系更多时候是合作者的关系,两人要共同经营一个家庭,小到买盐、买醋,大到买房、买车。感觉如果两个人一起生活,肯定是麻烦的事多于轻松的事。而且大家都活在同一个屋檐下,还要习惯对方的频率,需要更了解对方,不管是了解过去,还是了解现在,要了解这个人的本质、他的性格,尤其是他的生活习性。

我觉得最重要的还是价值观上的认同以及更深层次的认同,比如说两人最终追求的人生意义是什么。

陈瑜 你最终追求的人生意义是什么?

零 我希望我能不那么害怕死亡。我现在能做的是不让自己那么遗憾。然后,我希望我能理解我自己,我也希望我能发现自己的天赋和真正的兴趣到底在哪里，发现我愿意为之毕生奋斗的事业或者事情。

陈瑜 一般来说，这个年纪的孩子离死亡相对比较远，除非他经历了亲人的故去，那可能会有恐惧。你为什么害怕死亡？

零 我没有见证过谁死了，我也没什么经历，可能渐渐就这么觉得了吧……就是说……死亡离我很远吗？……我觉得它离我很近很近。

我有一段时间，觉得自己不行、不好，没有办法认同自己，讨厌自己，觉得自己又不懂社交，又不好看，身材又不好，性格又不好，成绩又不好，老师也没有那么喜欢我，同学也不喜欢我，觉得我没价值。我就吃很多东西，吃得难受，吃到吐。

我现在已经迈出很大一步了，但有时候还是会有点难受。也不知道是什么契机，如果有个人说我没有价值，那么我就会非常痛苦。

我会一直否定自己。我没有那么厉害，我没有那么有意思，哪怕别人觉得我成绩好、感情关系好、瘦，我自己从来不会真正这么觉得，我不会引以为傲，我也不敢觉得骄傲，我也不知道自己喜不喜欢别人的夸奖。我就是这样，现在也这样。

我会想，为什么有人会绝望？我体会到过这种感受，没什么理由的，并不是单纯觉得心态崩了、觉得自己不好之类的，不是，而是就算想自己很喜欢的人和事物，也一点用都没有。

在我的理解里，那也不是溺水的感觉，有点像自己被冻住了，想啥都不高兴，干什么都不高兴，什么都不想干，因为不仅觉得很累，没有动力，而且那时候无论干什么都会觉得沾染上了很难受的气息，怎么都不行。虽然也没什么，但很痛苦，如果它持续很久很久，就有种得了心理疾病的感觉。

我最后想了想，那些得抑郁症、焦虑症的人，并不一定是真的没有希望了。我理解他们的痛苦。我受不了那个难受的感觉，无论做什么都无法摆脱。

陈瑜 那个时候你有抑郁倾向吗？

零 我不知道，现在也有这种感觉。

陈瑜 这种感觉有跟爸爸妈妈说过吗？

零 说过，但说得也不是很多。初二的冬天吃火锅时，就提了提，那时候那种状态还没有持续很久，就出现了一下子。

中国的家长会认为这不是什么问题，比较少有家长会关注心理问题。这个肯定不赖他们，他们那个时代只要吃饱饭就好了。有些学生头痛，其实不是生理性的，家长就会觉得这是他不想写作业的借口，也不会很重视。

我妈就跟我说，洗个热水澡吧。

陈瑜 她有建议带你去看一看吗？

零 她说了，但她比较忙。我也没有超级难受。

陈瑜 你刚才提到你会暴食？

零 也不算特别严重，但会吃很多。现在不这样了。

陈瑜 那时候为什么要吃那么多，吃到自己都快承受不住要去吐？

零 觉得自己没有办法承受这种情绪，那时候觉得自己很麻木，或者说，我一直没有好的情感和关系，基本上就不会有快乐。情绪的波动曲线不仅是比较平的，而且是比较低的状态，有时候会觉得压力很大，一直这样我就很崩溃。

我会乱剪我的头发，剪得很短，因为我觉得自己什么都没法改变，我就剪剪剪剪，越剪越短。要么就吃东西，吃的时候就会觉得，食物很温暖……（哽咽）

陈瑜　吃到胃承受不住的时候，会恐惧吗？

零　不会恐惧，因为还没有影响到健康。怎么说呢，你觉得你什么都做不了的时候，自己像个机器一样，你要让自己感受到一点自己还是一个人类。

吃东西，吃很多，你有感觉，感觉自己吃了，你得到了反馈。或者你感到痛，证明你还活着，在麻木的时候，痛才是最鲜明的感觉。

我现在不这么做了，我还是很惜命的。我不寻死，我不是以死亡为目的残害我自己。虽然很累，我肯定还是得活着。现在已经没有这些习惯了。被搞得很烦很烦的时候，我也不会采取以前的办法，我也不吃，我也不剪，我也不割，我会大骂一通或哭一下，就结束了。

- 5 -

陈瑜　你说你会有很多负面的想法，说自己有很多缺点，但我不太明白，你爸爸妈妈是非常宝贝你的。

零　对。

陈瑜　他们一定不吝啬对你的肯定、认同和赞美，这些东西能够让你内化，认为自己是一个非常有价值的人吗？

零　不会，因为绝大部分时间还是在学校里，回家基本吃完饭，做好作业，就睡觉了。

陈瑜　爸爸妈妈在你小的时候，在上学前，你们相处的时间有很多，他们对你的陪伴和肯定，你也有可能内化……

零　没有，不仅仅是因为我要上学，跟他们接触不多，还有我上学之前，我一直觉得我们家司机和阿姨像我爸爸妈妈，我小时候跟阿姨一起睡。

陈瑜　哦，是这样。

零　我就记得我很小的时候，有那么一次跟爸妈一起去迪士尼，虽然有很多项目不能玩，但我很高兴。

从幼儿园开始，就是爷爷、奶奶、姥姥、姥爷、阿姨、司机送我去幼儿园，接我回去，给我做饭，哄我睡觉。我9点钟睡，我妈一般都没回来。我跟他们接触没有那么多。

小学报名时，我奶奶带我去的。老师说："你要认识1000个字的呀。"我奶奶说："我们家孩子30个字都不认识。"我一上小学就开始成绩很不好，因为我都没学过，后来跟上了，但还是感觉……

陈瑜　那时候你期待爸爸妈妈多陪你吗？

零　还好，因为那时候我觉得我爸爸妈妈就是司机和阿姨啊。

陈瑜　你和他们亲吗？

零　亲的！我六年级的时候，阿姨回去了，我就开始把对母亲的爱投射到我妈身上。

零 你知道吗，我现在跟我妈在一块儿会非常像小孩，跟别的青春期孩子不太一样，跟她超级亲。

陈瑜 就像小孩子一样？

零 对，但也没什么不好。我们三个人会在亲的时候很亲，我也挺高兴的。

陈瑜 跟妈妈是小孩的那种腻，是不是也是一种弥补？

零 对！

陈瑜 小时候没腻够？

零 对！现在还可以腻腻，以后我要是去别的地方上学，就腻不到了。以后也没有理由了，我也不是小孩了，也不是青少年了，我是一个大人了。

陈瑜 在你眼里，妈妈算是一个工作狂吗？

零 我到现在都觉得，她最擅长和最适合干的事情，就是工作。她的精力很大一部分放在工作上；还有一部分，她要做慈善，做她自己想做的事情；最后是我。

她首先是一个公司里的人，再有一个社会身份是一个公益项目的发起人，最后才是一个妈妈。以前我妈去跑步拉练，带我去。别的小孩都是妈妈带着，爸爸去跑步，只有我是阿姨带着，那时候我也不太高兴。

我本来有跟她吵，但现在也明白了，她就是这样的人。她也跟我讲过，她想先做好自己，再来做妈妈。我感觉她再来做妈妈的时候，也做得足够好了，反正她也不是超人。

陈瑜 你会因为她把你排在后面，或者你认为她把你排在后面，而觉得自己不是那么有价值吗？

零　　有可能，有可能会有一定的影响。

陈瑜　你会不甘心被排在后面吗？

零　　会啊。现在也没那么高兴，工作是她的"儿子"。

陈瑜　你跟她说过吗？

零　　说过。大概我也适应了，她要工作就工作，她有空就跟我在一块儿，其实比小时候好很多了。

陈瑜　比以前好很多，是因为抽出更多时间陪你？

零　　对，她已经很努力了。小学时她都没怎么来接过我，初中时她至少接我的次数多了。现在放假她陪我的次数也多了，那不就好了吗？

陈瑜　你要的也不多。

零　　那我哪儿敢要得多呢？（哽咽）

我可能更理解了，妈妈不只是妈妈，妈妈先是一个人，再是一个妈妈，那也没什么不好。

陈瑜　你渴望的亲子关系是什么样子的？

零　　现在还挺好的。我不知道这个比重改变了以后，我会不会适应。我理想的亲子关系最多就这样了，我没什么想象基础，因为我已经觉得我妈就适合这样，我已经没有办法再想象别的形象了。我也不想想象，如果我妈是家庭主妇，那我们是什么样的关系。我也不知道，我并不觉得那样很幸福。

陈瑜　如果你以后做妈妈，会做一个什么样的妈妈？

零　　我现在的想法是，我可能尽量找一份有弹性的工作，不需要一定在工位上、在一定时间内干事情。

我会先做一个妈妈。相较于我的妈妈，妈妈这个身份占我的比重肯定会更大。我肯定希望我的小孩比我高兴吧，从小时候到长大，就觉得妈妈一直都在。

但是我不会完全只做一个家庭主妇，实在不行我再打个工什么的，我要确保自己有经济收入，不会一直在家跟小孩待着，不要让小孩觉得妈妈就是天天在家干家务，否则小孩也会觉得很无聊。

陈瑜　你跟以前照顾你长大的阿姨感情怎样？

零　我觉得她像我妈一样。（流泪）

陈瑜　还有联系吗？

零　她回老家带孙子了，蛮幸福的。

陈瑜　她离开你的时候，你伤心吗？

零　伤心。（流泪）

陈瑜　你跟阿姨的情感和跟妈妈的情感有不同吗？

零　有。一开始，是依恋阿姨，我依靠她，我需要她照顾，我需要有一个爱的对象。

我对我妈妈是爱的转移。我从小到大没有那么喜欢她，也没分那么多爱给她，现在是转移，一部分爱的转移，有可能我自己也觉得有缺失。

陈瑜　嗯，我还蛮感慨的。

零　感慨什么？

陈瑜　孩子们也在包容和成全自己的父亲和母亲。

零　对啊，那没办法。我可能更早意识到他们的身份对我而言已经不只是爸爸妈妈了，他们同时是他们自己。

我希望我妈能够做自己……

陈默老师

点评分析

零的情况蛮典型的，从小生长在大都市，父母工作很忙，小时候没跟父母建立很好的亲密关系，尤其是没跟妈妈建立很好的依恋关系，把保姆当妈妈。

这样的孩子内心带着很多的伤感长大，早年有创伤，长大后往往心理力量会不足。什么时候会反映出来呢？就是在青春期的时候，往往表现为自我贬低、没有自我价值感、敏感，在人际关系中不自信、负面感受居多。

当代大都市家庭教育中一个比较典型的问题，就是非常忙碌、主要精力在工作上的妈妈，她在养育孩子的早期给予孩子的情感付出是不足的，所以孩子的安全感就不够，力量也就不强，并不一定是父母的教育方式出了什么问题。

所有老师和家长都要意识到，孩子的早期教养环境是非常要紧的，尤其是妈妈，要跟孩子建立良好的、安全的依恋关系。如果忽视了孩子早期的养育和陪伴，那么在孩子的幼儿园、小学阶段，就要弥补好。如果这个阶段也得不到弥补的话，那么进入青春期后，这类孩子就容易出问题，产生不良后果。

有些家长等到青春期的孩子反映出来各种各样的问题后，实在想不出这些问题的原因，到处去寻求老师、专家帮助，总认为自己的孩子在青春期出了什么问题，但实际问题的根源在早期养育上。

所以，妈妈在生孩子之前要有一些计划性，要把工作与早期养育孩子的时间和精力合理安排好。工作重要，孩子也重要，这个天平如何摆？这是对父母的挑战和考验，很多人是做不好这门功课的。在职场上，他们可能是一把好手，但是在家庭中，其实是缺位或缺失的。现在的家长如果要生育二孩、三孩的话，都要对此有所思考、有所准备。

虽然零也是想尽办法在妈妈身上得到她没有得到过的依恋，但是后期弥补难度比较大，非常不容易。她还试图将这种感情投射到班主任身上，说明她对情感非常饥渴。

学校老师要善于观察，如果班级里有的孩子在人际关系中过于敏感，总是在群体中表现得格格不入、很别扭——就像零一样，她说自己在人群中手足无措——那么这个孩子的心理力量往往是不足的，心理底色是灰暗的，所以在人群里会觉得自己不如别人、相形见绌，或者总是捕捉别人对自己不友好的一些信息，负面的社交心理状态居多。老师要是发觉这类孩子，就要多多给他力量、多多安慰他，帮助他克服人际交往障碍，消除过度敏感的心理。

我们教育工作者，包括老师和家长，都应该对这些问题有所了解，这样在培养孩子成长的过程中，才可以避免对孩子造成创伤。

No.

04

"我妈失控地暴揍我,
感觉她都不想要我了……"

圆子／女／大二／江苏

概况：双相情感障碍。

承载父母未曾实现的考学愿望，不堪重负；长期身受暴力的家庭教育方式，压抑情感。

"暴力从来就是我的家庭里最常出现的戏码。家里如同一个战场：耐心消磨殆尽的妈妈，诅咒我和妈妈的爸爸，和一个想当鸵鸟的我。在一个从未安宁过的家里，顺从本分的那个女孩子变得冲动又脆弱。"圆子自我介绍说，"我是双相情感障碍患者"。

双相情感障碍是指既有躁狂发作又有抑郁发作的一类心理疾病，患者的情绪就像过山车，他们承受着旁人无法理解的痛苦和压力。

我查阅了资料，中国的双相情感障碍患者数量约为千万级，其中50%会在19岁以前发病。圆子最早出现症状是在初二、初三，持续多年，时有反复。但起初，她根本不知道心理学是啥，她爸妈也是。

圆子大学选择了心理学专业，原因之一是"可以把它作为对自己的保护"。她回述自己的故事时,既冷静,又动情。即使在最绝望、最窒息的状况下,她也一直没有放弃自救。反过来,她想以自己为案例,让更多人知道双相情感障碍是一种什么病。

我好佩服圆子,了不起!我多想冲到她爸爸妈妈跟前,对他们说:"圆子是个多好的姑娘,你们现在应该知道了吧!"

- 1-

圆子 我小学成绩非常好,各方面比较平衡,而且有特长。

我妈是小学老师,我在她的学校,资源比较好,上台跳舞、表演、主持、参加比赛的机会更多一些。

我妈对我的要求一直挺高,因为她自己当年就是初中里最优秀的。

我妈是农村户口,她要到城里来,她爸妈逼着她填了师范志愿,所以她没有念高中、大学。她觉得自己的人生特别亏,就觉得无论怎么样,也要我好好读书去弥补。

陈瑜 在妈妈工作的学校读书,是什么感受?

圆子 我对那段时间记忆不是很深,但后来有跟我一个同学聊过,我同学说:"你小学时特别顺从你妈,她让你做什么你就做什么。"我当时其实并没有那么想,但是现在想来,好像确实是。

当老师的孩子,你会有一种压力,好像成绩必须得好,因为大人之间谈论的基本上都是"你们家孩子期末考了几分啊,有没有拿三好学生呀"那种话题。

陈瑜 小学时成绩挺好的,妈妈对你还有什么高要求?

圆子 她喜欢把很多事情做得比较极致,比如说可能平均下来,我文科比较有优势,理科弱一点,但是我理科的弱其实也不是特别弱,就是普通的平均分,没有文科那么拔尖,我妈就觉得我理科必须得赶上去,然后给我安排各种补课,补这补那。

到了初中,我的理科其实是明显弱势的,她就把我塞到了一个理科老师当班主任的班。被老师天天盯着,我就很有压力。我感觉初中的时候,就一直在补理科的短板,我喜欢的文科也没时间学。

我妈只要回家,就会盯着我写作业,因为她知道我拖延。我当时做不进去,就回避,宁愿看电视也不想写作业。我妈就很着急,忍了很多次以后,就直接打我。

初中第一年,我不知道被打了多少次,感觉每一个周末都在跟我爸妈内耗。我那时候日记本里面写的都是"我是无可救药的人"之类的。

我小学里的优势没有了以后,我妈非要我把理科补上去,让我进好高中的意愿特别强,初二的时候就到了爆发点。

初二暑假,我的成绩跟我们市第二好的高中录取分数线差两分。而且即使那次政治考得特别差,理科都是稀巴烂,也才只差两分,所以我妈觉得我潜力很大,然后就给我补课,狂补。补了一个暑假以后,我暑假作业没写完。其实也很能理解,每天五六个小时高强度补习，相当于暑假就一直在学。但我妈看到我暑假作业没写完，就非常生气："你的学习怎么搞成这样子！"她对我非常失望，就把我暴揍了一顿。

当时感觉我妈都不想要我了，拳打脚踢，把我裹在被子里面，一顿暴揍。

我记得我哭了吧，又不敢哭出声音，我爸妈会因为我哭得很难听打我，他们觉得很丧或者很不吉利。反正我就一个人闷着，眼泪流下来，流湿枕头，晚上就这么睡着了。

我爸妈都有点这样的倾向，觉得孩子打了就乖了，乖了就好了。初一打了以后，我初二确实乖了很多，然后初三慢慢发现一些情绪问题。

陈瑜 你说爸爸妈妈"暴揍"你，他们状态会失控吗？

圆子 会啊，会疯狂地想要报复或者虐待，不能说虐待，就是说他们会完全不知轻重。尤其是我妈，会完全失控地打人，非常想发泄自己愤怒的那种感觉。

陈瑜 她会用东西吗？比如衣架？

圆子 不会，但是她会把我弄得很窒息，比如把我卷到被子里面，整个人压在我身上，我就没有办法呼吸，也没办法动。

后来我问："你为什么当时那么打我？"她说："因为当时听别人说，家长把孩子打到凌晨4点，小孩也没事。"然后我妈就这么做了。

初三我那样子以后，我妈也打我。我妈性格比较急，容易火气一上来就打人，很多时候其实是对她自己不能控制一件事情产生了愤怒。

然后我爸很喜欢羞辱别人，动不动就说："你以后扫大街去吧。"这是非常消极的冷暴力，比较偏激，很极端。

反正他们两个加起来对我来说，伤害性比较大，可能在我的成长过程中会对我有一定的影响。

- 2 -

陈瑜 心理出现一些症状，是从什么时候开始的？

圆子 可能是初二到初三之间。

我这个人可能比较奇怪。很多人对伤痛的反应很及时，但是我不太及时，导致我很多事情都是过了一阵子慢慢消化了以后，才开始出现问题，潜伏期比较长。

初三时，我已经非常自闭了。再后来去了一个类似"疯狂英语"式洗脑的地方，当时可能学英语嗨过头了，情绪波动太大了，回去就跟我妈说，她需要怎么样改变。

我妈很好玩，她觉得我想改变她，对此非常不能忍受，就跟我对峙，天天跟我闹。

当时其实整个人神经已经很虚弱了。上学魂不守舍，每天回来，我都不知道我在干吗。我都对那段时间没什么记忆了。

有一次默写得了0分，因为我当时记不了东西。老师把我叫过去，聊了几句，我就一直在抖，一边抖一边大哭特哭。

老师就觉得："这孩子咋这么脆弱、这么敏感？！"

整个初三，从不开心到很低落，不说话，把自己关起来。

我确实喜欢在不开心的时候把自己关起来看书，但是后来我妈把门锁全部拆掉了。我当时很崩溃，觉得一个很安全的保护自己的方式就这么泯灭了，但是我也没有办法说。

然后到来年的3月份，我慢慢开始亢奋。不知道为什么亢奋，容易生气，举止粗鲁，骂人，一下子就会声音特别高，语速特别快，比较冲动，不想睡觉，到最后失控。

我妈3月份就意识到我有问题了，但是她可能会先想是我叛逆，或者说她一直觉得是我的问题，是我对抗她，我要去伤害她的自尊。但她没有考虑到，其实当时我已经是一个很不好的状态了。

应该说我妈起的作用不是很积极，确实我爸妈的作用都非常不积极。

- 3 -

陈瑜 你和爸妈之间，有没有非常和睦融洽的时刻？

圆子 有吧。我后来做心理咨询了解到，有一个词用来概括我们家非常正确，我们家属于"高情绪表达"：好的时候，特别有爱，但是转过头来，暴露在外的和里面的内核是不一样的，就会有非常黑暗的一面。

我生病以后直到高中，为什么整个人一直处于一个很不好的状态，或者说病情有反复、情绪会崩溃，我觉得有一个很大的原因，是我爸妈当时不允许我跟别人说我生病的事。

他们觉得这是一个非常大的忌讳，得这个病非常耻辱，没人会喜欢你，没人会欣赏你。

所以我觉得在我生病以后，受到的伤害会更多。我会感受到我爸妈对我的不接纳，然后慢慢地可能最后就变成我对我自己的再一次的否定。

做了心理咨询和接受药物治疗以后的日子，确实是非常难熬的。原来会觉得有些事情努力是可以改变的，但到后面我觉得可能我努力，好像也改变不了我爸妈的生存模式，也没法让他们对我更加包容一点。还挺难受的。

陈瑜 爸妈叫你不要跟别人说，那你在受不了的时候，跟好朋友说过吗？

圆子 说过啊！当时只有我最亲的几个亲戚，5个人以内知道吧，其他人都不知道。他们会说得很难听，说你干吗让别人知道。但是我在这方面好像很执着，我觉得我很难受，我还是得倾诉，我不能跟你们倾诉，又不能跟别人倾诉，那不就搞死我了吗！

然后我就跟我的朋友说。我跟你讲，我朋友的回答也非常的荒唐。我小学最好的朋友对我说："这种事情不要跟别人说，别人知道会嫌弃你的。"结果她妈妈后来自己也抑郁了。她对我说："我现在慢慢可以理解了，原来再强的人也会发生这种事。"还有一个朋友，她家原来在很穷的地方，她说："在我们山区里，你们这样的人是要被捆起来的。"

他们这些人，很搞笑。

但是我高中一些朋友对我非常好，他们会真的陪在我身边，照顾我，提醒我零食不要乱吃；我们去欢乐谷，他们说危险的项目就不要玩了，不要太刺激到自己；晚上会跟我连麦，打语音陪我。

我们高中确实还是比较人性化吧，身边的同学和老师，对我还是有很大帮助的。

后来我爸妈也意识到，这件事情也不可能完全藏着掖着。我也试探性地跟他们说，我以后想跟所有人说，我生了这个病，这个病是什么样的，给人家科普一下这件事情，但后来因为快毕业了，没有做到。

我们学校确实有传统，有人得了阿斯佩格综合征，他就公开讲了，我觉得其实就还好。

我确实觉得很多身边的人，他们以一种看似在保护你的方式对你说一些伤害你的话，但是他们也意识不到。我会有一些很迷茫的时刻：为什么我这么欣赏的朋友，能对我说出这么伤我的话？但是后来会好一些，不会那么在意，知道这也是没法避免的，这就是事情的其中一面吧。

- 4 -

陈瑜　初中那段时间真的很难熬哦。
圆子　嗯。
陈瑜　初三生病了有休学吗？
圆子　没有，我高中休过。

我妈本来是想让我参加中考的,但是当时因为状况确实不好,最后就没有参加中考,4月份考取了一所国际学校。

陈瑜 有些患了抑郁症的孩子就没法正常读书了,双相情感障碍会更难受,你怎么做到还能去上学?

圆子 我初三2—4月份的学习状态,已经完全不行了。一模考之前有三个月,我没有写任何作业。考一模的时候,我脑子里还在自动循环播放各种流行歌曲,特别奇怪。当时我都不知道我在干吗,整个人都是迷糊的,然后就考了。

当时,我妈都没有想到带我去看医生。

陈瑜 不能专注,很恍惚?

圆子 对,非常恍惚,灵魂在飞,脑子非常空,感觉整个人像行尸走肉一样。没有办法学习,一点也学不了,读书也读不了,作业也做不了,就是这样的状态。

那个时候,我们老师还雪上加霜。考完一模,她指着卷子对我说:"你赶快拿着书包回家吧,哪有像你考得这么差的!"我当时已经觉得无所谓了。

陈瑜 状态最不好是什么阶段?

圆子 生病前的一年和刚生病以后的一两年是最不好的,应该是初二到高二的样子。

陈瑜 你有跟爸妈说,希望他们带你去看医生吗?

圆子 那个时候我连心理学是啥都不知道。我妈妈后来也很后悔,说如果早点知道有心理学的话,不至于让我到这个程度。

她作为老师,她觉得她能教好学生。事实上看着我最后变成这样子,她也是有很大的心理负担的。

在整个成长过程中，我确实走得比较坎坷。我跟心理医生聊过，我觉得我的人生一直在做一件事情，就是我不知道什么是好的选择，但是我一直在规避不好的选择。

我初中时，我妈要我考好的高中，她的想法是如果你不考前两名高中，你就没有办法去好大学，你没有好大学的文凭，你以后能干吗？我妈就是非常直线的逻辑。

而我生病以后，我对我妈说，我想去考职业高中，随便学个东西，那样我会轻松一点，压力也会小一点。但是她就说："如果你去了职业高中，你能干吗？这样的人生，你会喜欢吗？"然后我又很努力地去学习，其实当时状态非常糟糕，身心俱疲，但还是得学。

慢慢地我发现，我的人生真的很多时候是在规避风险。这样其实是不对的，我是因为没有办法接受那部分不好的，所以我在疯狂地努力，疯狂地躲避，这是一个非常糟糕、非常奇怪的状态。

生病以前可能会觉得，人生的选择就那么多，你做不了这个，你就不能干那个，有这样的惯性思维。但我生病以后才慢慢意识到，人生应该有更多的选项，这很重要。

- 5 -

陈瑜 休学发生在高几？

圆子 高二上学期，情绪问题复发，很崩溃，也没有办法静下心来读书。我妈就说，你就休学吧。

陈瑜 休学了多久？

圆子 没几个月。

我本来是隐瞒的，但当时学校知道了我的诊断结果，就说你这个情况，现在不能学习就不要来上学了，不要情绪激动伤到自己或者伤到别人，先冷静一下。

我休学跟别人不太一样，我们是有网课的。老师给我选了课，我还读了两门，考试也可以算到学分里面。

我休学的那段时间，身边的人虽然没怎么关心我，但是我开始意识到，我还是要去寻求一些帮助。所以我会主动跟朋友联系，在固定时间聊天，一直在跟身边的人打交道。

陈瑜 嗯，没有把自己完全封闭起来。

圆子 我以前的倾向确实是非常喜欢封闭自己，但是高中以后，会发现接受别人帮助也挺好的，没那么丢脸，没有说像以前那样，自己也不能接受自己是一个需要帮助的人。慢慢地，也接受了。

陈瑜 可能高中同学给到你的回应，要比小学、初中那些没有相关知识的朋友更有帮助。

圆子 对，是的。高中以后，我觉得人生非常幸运，有他们，不离不弃。

陈瑜 高二到高三，逐渐走出来了吗？

圆子 其实高三时，我本来又可以休学了，当时我们家出问题了。我爸因为我辞职了，做股票供我上学。那年股灾，我爸亏了很多钱，每天对我非常消极，焦虑，然后抑郁。他自己都吃药，然后影响我。他睡不着，还要我陪着他，搞得我整个人都很不好，后来慢慢就有问题了。

我又去治疗了。医生一直强调说："像你这样的情况，你爸妈又是这样的情绪，你还是不要那么受他们影响。"我爸妈可能容易走得比较偏，作为小孩，我在里面也是比较难的。

陈瑜 你是靠自己的意志力扛过来的？

圆子 我刚刚好一点，回到学校，其实是非常艰难的。我没有办法读书，又换新药，又加药，会有很多反应，比如说会手抖，写不了字，吃饭时手抖就很难堪。我特别难受，会烦躁。

我妈当时对我说，你要不以后就别读书了，去学你喜欢的，写毛笔字或者当老师。我突然觉得，就剩半年了，怎么样也得撑一下吧，也不知道哪来的勇气，反正就撑过去了。

最后那半年，我爸也缓过来了，然后我就慢慢好了。

陈瑜 爸妈对于你大学的录取结果满意吗？

圆子 满意。他们都知道我非常非常拼命，确实付出了很多，他们也觉得他们努力了。

读了大学，虽然学业压力仍然不小，但是已经让我感觉非常舒服了。

- 6 -

陈瑜 有没有感觉自己撑不住的时候？

圆子 我初三确诊后，刚开始是很难撑住的。

这就是一个晴天霹雳。我非常崩溃，觉得以前的路就再也不可能继续走了，人生有了一个前所未有的挑战，令我一下失去了掌控。因为这个名号、这个头衔，我一下子被边缘化、被孤立，感觉不寒而栗。我不能接受我是一个有问题的人，我就应该是很健康的啊！

当时我非常难受，但是因为我非常不会去表露这些东西，所以我这些难受不是在当时爆发出来的，而是在生病以后。可能别人一个轻轻的指责，或者我爸妈一个挑剔的眼神，就会激发我内心对自己的不理解，然后就会有很严重的问题。

我父母一直觉得我太敏感，我也觉得自己太易怒，好像一下子就生气了，会和父母有一些争执，然后就循环往复。

很搞笑的是，我那个时候刚学心理学，也不懂，就跟一个学妹聊。我很敏锐地感觉到学妹可能有点抑郁或者有其他问题，然后就加了她的微信，劝她。最后她反过来劝我说："你可太难了，我感觉我其实过得比你舒服很多哎。"这样的事情会频繁发生。

我现在学到一个社科概念，用来解释我当时的状态非常合适，叫"相对剥夺"，就是发现身边的人比我好的时候，会有一种剥夺感。哪怕你们都在朝好的方向进步，但是你进步得慢一点点，你也会有被剥夺的感觉。

我当时就觉得，哦，原来我以前的那种快乐，是建立在我能感受到我比别人好一点点的基础上。但是现在那种所谓的优越感，完全不存在了，取而代之的，是一种非常非常卑微、非常非常缺失的感觉，会有一些沉淀在内心的没有力量去做什么的感觉。

陈瑜　有过康复的状态吗？还是说一直比较痛苦？

圆子　我们这个病最大的问题就是，情绪的波动比普通人要大一点、剧烈一点。

然后你懂的，我爸妈是这样的脾气，我当时哪怕吃了药稳定情绪，也容易受他们情绪波动的影响，然后跟着波动。

我的心理医生直接跟我说："你不要那么受他们的影响。他们都是大人了，如果真的有问题，他们会选择他们的解决方式。如果他们不能选择其他的方式，一定有想维持这个方式的理由，但这个理由他们可能不想被别人知道。"

我当时觉得非常有道理，自己慢慢也确实有了意识，不要那么在意，不要有一点事就一定要怎样。我们应该保持一点距离，不应该我参与他们过多，或者他们参与我过多。

有一次我妈又跟我说："不跟你爸过了。"我就用那句话怼了回去："你自己的人生，你可以做选择，但是你现在不做这个选择，也是你的事，你是有决断能力的。"

我其实就是套用了心理医生的逻辑。我妈对我爸的怨恨和不满，不应该跟我有关，我也不应该把自己带入到这个纠结的局面里，因为我并不是他们矛盾产生的重要一环。

陈瑜　嗯。确诊之后，爸妈对待你的态度和行为上有一些改观吗？

圆子　他们非常想弥补，觉得之前可能对我的方式有错，然后他们就会格外宠溺我，但是其实他们本质上非常脆弱。

比如以前我跟我妈杠，她可能就会生气，然后打我，但是我现在跟我妈杠了以后，我妈就会很难受、很委屈，就去跟我爸吵，她不会那么明目张胆地发泄到我身上了。

陈瑜 生病之后，你和妈妈的冲突会发生在什么事情上？

圆子 其实我生病以后，我觉得我们俩关系近一些了。如果说冲突的话，我妈在一些生活方式上要求很高。她不仅对学习要求高，她是对生活中她能想到的每一个方面要求都高。

你会觉得有的时候跟她说话、跟她生活特别累。她有一点固执，也不太听得进别人的想法。她有很多理由跟你争执，你也说不过她，就觉得好像碰了一鼻子灰。

反正不是我碰一鼻子灰，就是她碰一鼻子灰。

- 7 -

陈瑜 最难熬的时候，有过轻生的念头吗？

圆子 我有啊。

有一次跟我爸吵架，我要吃外卖，我爸不让，说以前说过的那种非常羞辱人的话。其实他只是露出一个表情，我一下子整个人很害怕，完了就开始很愤怒，我觉得我要报复，就拿了一瓶药。

我妈有一个特点，她会每天看我的药，药瓶里只有当天的量，最多三天的量。然后，我就一口气把三天的量全吃了。我妈整个人都呆了，赶紧打电话给医生。

虽然有过轻生的念头，但是不是特别强，因为我会觉得活着还是能有令人快乐的东西的。

陈瑜　令你快乐的东西是什么？

圆子　我也说不上来，我也不知道我当时是怎么想的。

陈瑜　你现在对自己的接纳度高吗？

圆子　现在应该说还可以吧，不那么在意别人的评价，会好一些吧。有事也不会藏着掖着，会让自己的负担小一点。

陈瑜　在大学有交到新朋友吗？

圆子　有，交到了好几个，确实是很好的朋友。现在上网课，还是跟他们一直联系。

陈瑜　身边有这样一些朋友真的很重要，在你特别难的时候，会有人理解和支持你。

圆子　对，可能到大一点的地方，大家见识的也更多了，所以更能共情。

陈瑜　你一直在自救，很努力地寻求支持。

圆子　从小到大大概就是这样一个个性吧，以前没有情感障碍的时候，我其实还是挺喜欢和朋友联系的，不是完全不跟别人沟通、自己一个人。

- 8 -

陈瑜　你能确认爸爸妈妈对你的爱吗？

圆子　我一直知道他们是爱我的，只是他们爱的方式可能不是小孩能接受的。

我妈最近也在慢慢有所改变，我也给她科普了很多。我妈以前会觉得她给孩子的爱，她给多少，孩子就能感受到多少，她做的事情，出发点是好的，是为我好，我就应该能正确地理解、接受。

我跟她说，不存在这样的事情，你做的是你的事情，感受是我的感受。你做一件事情，你认为是好的，但是我的感受是我被控制了，不舒服。我会慢慢让她知道，这件事情其实不是她主观想象的那样。

我跟我妈沟通得其实特别多，她以前不知道我的脆弱点，现在也在慢慢学着接受。我们俩的底子我觉得还是不错的，我们的好，不是表面的好，是有深层沟通的好。我爸也会慢慢地想去了解我的生活，而不是说全部放手让我妈去管。我自己也想去努力调整一下自身的状态。

陈瑜　反过来，你对他们有恨吗？

圆子　我觉得肯定会有恨啊，如果我的父母没有做这些教育决定的话，我可能也不会是现在这样的情况。我年纪还不算太大，经历这些东西，对于很多人来说，其实都是一个很大的坎。所以会有怨恨，而且这种怨恨可能一时半会儿也消解不了。

我对我父母的情感很复杂，确实是很复杂。我觉得跟他们在一起的时光让我快乐，但是他们有些行为可能让我无法接受。

陈瑜　存不存在你原谅他们，或者他们需要跟你道歉？

圆子　应该说对我妈会有这种想法。

在我状态非常差的时候，我完全不希望归错到自己身上，就希望别人给我道个歉。但是如果说自己逻辑清醒、脑子清楚的话，硬要别人给你道歉，也挺奇怪的，因为我妈是最爱我的，就是这样。

我的心理医生一直跟我开玩笑说，如果我去读相对比较差的学校，或者学没有什么挑战的东西，我可以活得很轻松。但是我现在选了一条对我来说比较难的路，病情复发也比较多。相对来说，我去积累、去攻克、跟困难做斗争的经历也多了，所以只要不太受之前经历影响的话，其实也不会太差。

陈瑜 怎样才算康复？

圆子 如果说是用药的话，大概一两个月以后，就能算是一个平稳的状态了。

但是对我们来说的康复，不是药物作用下的情绪平稳，我觉得还是要慢慢地重建认知，重建家庭氛围，然后各方面有一个良好的适应性，无论在怎样的状态下，我能慢慢自洽了——这种状态才可以说是康复了。

我以前也单纯地觉得，我用药，情绪平稳了，就是康复了。现在我觉得，其实这不对，因为我脑子里的东西还停留在过去，我用过去的方法解决不了现实的问题，只会在将来迎来更大的危机。所以我现在得为自己做好准备，以后才能有解决这些问题的能力，才会让自己变得更好。

陈默老师

点评分析

"我是为你好呀！"——多少的伤害是来自这句话。

圆子的心理疾病在很小的时候就埋下隐患，后来慢慢发作，像这样的家庭教育环境必定会造成孩子的心理问题。家长本身是教育工作者尚且如此，可见家庭教育多么重要！

你看这个女孩，心理疾病反反复复，只有等到心理疾病发展到一定程度的时候，父母才会意识到他们在教育上可能出了问题；不发展到这种地步，他们是不会意识到自己有问题的。

孩子真的很爱自己的父母，即便得了这么严重的心理疾病，仍记得父母对她的付出、对她的爱。

所以啊，做父母的人都要想一想，是你自己把这个小生命带到这个世界上来的，你又没跟他商量过，是单边选择。你照顾他、爱护他，这都是做父母应该做的。不能因为你照顾他、爱护他，就可以不停地要求他、挑剔他、纠正他，做不到就打他、骂他，这都是教育上非常没能力的表现！如果父母情绪一直处于不佳的状态，那么这个孩子就会在情绪不良的环境中长大，这可能导致孩子产生心理问题。

孩子的成长需要两方面的营养：一方面是生理方面的营养，当今基本都是不缺的，特别是大城市的孩子；还有一方面就是心理方面的营养，心理营养实际上是家庭的和睦气氛、夫妻的和谐程度以及亲子关系中良好的互动关系。

这个女孩的成长经历，其实反映了家长缺乏教育经验、缺乏能力。她妈妈是在教育上很起劲的人，对孩子的教育高度重视，正是她这种高度重视，加上她的错误做法，造成了孩子的问题。对孩子来说，这是非常大的伤害。

等到孩子问题严重到了一定程度后，父母便会反省自己的教育方式。父母也会有进步，但是这种进步是在孩子付出了沉重的代价之后才取得的。

如果父母比较早地去思考这些问题，接受家庭指导，参加这方面的学习，有意识地去提高自己、去探讨自己成长过程中受到过的各种伤害，避免在自己的教育中重蹈覆辙，这会帮助到他们，让他们在家庭教育上有底气，因为他们学习过、讨论过、思考过。

好的父母是什么样子的？不是在家里做教育者。教育孩子的人实在太多了，学校里都是教育他们的人。父母应该扮演什么角色呢？妈妈能够让孩子靠近，她像土地、大自然、怀抱，小孩能从她那里得到这样的力量；爸爸代表着法律、秩序、道德，孩子可以从他那里得到另一种力量。

如果孩子能在家庭里充分获得这两种力量，他一定会是个强有力的孩子，一定是到外面可以战胜困难的孩子。但是圆子这样的孩子，从小在家里得不到这些力量。

　　这个案例可以让父母们吸取教训，家长对孩子的伤害是日积月累的，不是你今天做了错的行为，明天问题就会出现，而是到了一定时间，就全面爆发了，它往往是滞后的。要清醒地认识到，你对孩子做了什么，就会对孩子带来什么影响。伤人的教育，一定会造成孩子的心理问题。

No.

05

"妈妈想在我房间装监控摄像头，我和她完全无法交流……"

小孙／男／初三／上海

概况：焦虑情绪。
深受亲子关系的困扰，无法获得安宁的家庭环境。

通过小孙的好友申请时，我和全家人正在圣诞夜的饭局上。他发来文字说："看过您的《少年发声》。最近有些事情一直困扰我，我希望得到您的帮助。我来寻求帮助其实鼓起了很大的勇气，我以前也没有像这样在线上结识过陌生人，可能有些不当的地方。"

坦率地说，我犹豫过片刻，想着聚会结束了再回复，但看到他又补了一句"不行就算了吧"，我一下子就从眼前的热闹里撤了出来。

这个夜里，他可能需要一些支持。

"你能说说你遇到的问题吗？"于是，对话开启，我用文字，小孙用语音，我们聊了3小时，跨过了圣诞夜。

差不多从青春期开始，小孙两三天就要跟妈妈大吵一次，发展到现在，母子俩基本没有什么交流了。在小孙眼里，妈妈的控制欲非常强，"极致地过问，各种猜测"，常说"什么都是我的，你也是我的"，但到了一定年龄，孩子渴望长大成人。

"如果他们没有逼我逼得那么紧的话，其实我能很好地管理我自己。"同样意思的话，印象中，小孙重复了很多次……

- 1 -

陈瑜　你能说说你遇到的问题吗？

小孙　我今天只上了半天学，其实这也很平常，原因就是我付出很多努力，背诵作业仍然没有完成，心情非常不好。之后又遇到了一些很糟心的事，让我非常不想在这个地方待下去了。

回家之后，我又开始非常后悔，有很大的负罪感，觉得这样做是不对的，自己跟自己过不去。

几乎每天都这样，大脑兜很大的一圈，然后几乎停止了思考，几个来回之后，各种情绪交织在一起，让我疲惫不堪。我从小身体也不是很好，体力也吃不消。

我的生活陷入一个无限重复的死循环，自我否定，非常悲观，有极端想法。肯定会稍微有点希望，有了希望之后再去做我想做的事情，遇到很多困难，再失败，然后再陷入这个死循环。

我犹豫了很久，不知道应该如何改变才可以获得一个我想要的人生。我也不是很想跟家里人沟通，因为他们总会让事情往坏的方向发展。

- 2 -

小孙 我小学时，家里很崇尚快乐教育，基本没有补过课，学习也就一般般。五年级开始，我非常想要好好表现，上课回答问题非常积极。后来上了初中，我也想树立自己在老师心目中的印象，希望做一个好学生。

但不知道为什么，六年级时就好像经常犯一些错误。我可能也比较犟。班主任非常讨厌我，经常批评我、打压我，把我叫到讲台上，让我当着全班的面承认错误，或者让我们互相检举揭发。

再后来初二时，我也不知道为什么，很多原因造成我和父母发生了很大的冲突和矛盾，但我一直都在忍耐，或者接受他们对我的一些批评和看法。

初三以后，学习等各方面压力增大，跟他们的矛盾难以调和，最后就全部迸发出来了。我现在基本上就不太愿意搭理我母亲，她有很多问题，我也希望她能够变好，但我们完全无法交流，不在一个层面上。

陈瑜 能说说和父母的矛盾具体是什么吗？

小孙 我说的话在父母那边是不会得到在意或认可的，他们一直干预着我的生活，完全不把我说的话当一回事。我觉得他们对我的一些干预成了我生活上很大的阻碍。

我妈妈经常会跟我吵，我一说什么，她就非常喜欢从里面挑刺，特别喜欢辩倒我。有时候对我骂脏话，非常生气，还经常把我赶出家门，说我不是她儿子之类的。她会说一些非常伤感情的话，说对我非常失望，有时候威胁我、惩罚我，比如说不理我了，或者说不要我了，会半夜罚我跪地板。以前我就很慌张。

陈瑜 发生什么事情会让妈妈说出不要你的话，或者罚你跪地板？

小孙 这都是很早以前的事了，比如我不小心骂了脏话，说她脑子有病之类的。我弟经常也会说，她好像就蛮不在意的样子，她可能对我期望挺高的。

我小时候特别喜欢读中国古代的经史子集，所以我对我妈非常尊敬。但她经常说什么君为臣纲、父为子纲这些话，用以前的很多规矩来规范我的言行。

我跟我妈的关系非常不平等，比如有时候我写作文，非常不希望别人看，我跟她说了，可她还是会拿起来看；或者有时候悄悄走到我门外，听我的动静之类的。

她还会经常跟我说一些怪力乱神的东西。这些也是传统嘛，我也不是很排斥，但她经常容易受骗，遇到什么就很容易疯狂地信仰什么，也一直强迫我去接受。我有一点不同的看法，她就会跟我大吵一架。

她经常会哭，我也很无奈。我已经很久没有跟她交流或者说过话了。她经常动不动就歇斯底里，一边说不想再管我了，一边又在很多地方对我进行控制。

她说所有的东西都是她的，我也是她的，有非常强的控制欲。经常我一遇到点困难，他们就妄加猜测，站在他们的角度上行事，这对我的生活造成了很大的阻碍。他们也会打击我的信心和勇气。

他们现在也会一直跟我说，马上要期末考试了，不停提醒我，叫我注意自己的学习。

有时候，我真的就是忍不下去。如果我一个人生活的话，我可以过得很好，但是每次我想要努力改变，他们就会把我重新拉回去。这也不是第一次了，我非常痛苦。

陈瑜 爸爸妈妈怎么干预和控制你？

小孙 比如有时候我想出门，他们不让我出门，一直跟在我身后；我想听音乐，他们不让我听，跟我发生各种争执。我有一点什么小事，觉得自己完全能解决，可他们就非常细致地过问，进行各种猜测，觉得自己是正确的，不停地按照自己的思路往下说，然后管我。

我妈经常会对我食言，经常拿她的身份压制我。比如圣诞节之前，她说我表现好的话就会给我礼物，然后圣诞节到了，她就说："我根本没有说过，根本没有这件事。"然后她还会说："就算有这件事，那我现在不想给你买就不给你买。"他们想怎么样就怎么样，想怎么摆布就怎么摆布我！

然后他们对我也非常不信任，一点小事就要深究背后的原因。有时候我稍微用一下手机，搜索一下我想要了解的东西，都必须在他们面前。

我的很多事情受到他们的限制。今天能找到您，也付出了很多的努力，争取了很多的空间。她一直监视我，让我非常反感。然后他们还经常推卸责任。有时我认为他们错了，但是他们就从来不会说自己错了，而是会不停地指责我。比如说今天我想用一会儿微信，我妈就会跟我说："你为什么可以用微信？这些东西都是我的，你没有权利使用！"她动不动就大吼大叫，我也很无奈。

我爸爸和我妈妈还大吵过一架，主要就是针对管不管我的问题，他们还一度想在我的房间里装监控摄像头。可能我的自控能力稍微差一点，但我认为如果他们没有逼我逼得那么紧的话，其实我能很好地管理我自己。

我看过一些有关阿德勒理论的书，他说人的很多情绪都是有关于目的的，比如说有时候我情绪非常糟糕，可能因为我想逃避学校、逃避跟朋友交往、逃避老师，然后逃避别人对我的否定。我会为不能改变现状找很多借口，从而更加否定自己。

我会晚上一个人出去或者待在房间里，就感觉自己要发狂一样，想要大吼大叫。很难控制自己，但是又不得不控制自己，有很多现实原因，也怕影响到别人，非常痛苦。

- 3 -

陈瑜　你在妈妈情绪好的时候表达过你的想法和需求吗？

小孙　有的有的，我尝试过好几次，每次都是鼓起勇气跟她说，但谈着谈着就崩了，就好像根本无法交流，跟她说什么最后总是会崩。

以前我跟她两三天就大吵一次，累到不行。

陈瑜　你跟她说什么？

小孙　我跟她谈谈我以后的规划，或者我想让她帮助我看看以后该怎么办，然后制订计划，或者让我们之间保持一些距离。我也跟她谈过电子产品的问题、我自控力的问题，说着说着，她就用很多很无理的理由来反对我。我制订了计划，她也一定会要插手来改，然后改得面目全非。

陈瑜　能举个典型的例子吗？妈妈如何反对你？

小孙　就在今天，我想用微信，就请求她帮我输入密码，她就翻白眼说："我为什么给你输入密码？"

我说我有正经的用处，她就说："那跟我有什么关系？你不归我管。"

我说："你知道密码呀。"

然后她输密码，输完之后就要设那个屏幕监控。我说："我不想让你这样管我。"然后她就说："这是我的东西，我在我自己的 iPad 上面设置密码怎么了，这些都是我的！你到18岁就直接滚出家门好了！"

我以前还会跟她谈一些条件。那时我比较沉迷游戏，每周我想让她容许我玩半小时，做了很多保证。她说我的计划不正规，加了很多条件。最后搞了半天，我以为我写的保证书她同意了，结果她跟我说："我也没说同意啊，我不会同意的,你放弃吧!你不要找我说这些,我不会给你机会了,你不值得我去信任。"

可能因为我以前自控力差,她就说:"你当别人对你的信任是玩吗?你已经失去最后的机会了,你就不要再想了!你以后长大了,自己爱干啥干啥去好了!"

我就跟她一直磨磨磨,后来她同意了,但两天之后,突然,又说不行。

有一天晚上,不知道发生了什么事,她红着眼睛跑到我床上来坐着,就要跟我谈。我其实那时候不是很想跟她谈,之前我们已经谈过一次,谈崩了。

然后我调整好心态,准备跟她好好说话。说着说着,她又开始大吼起来,没办法。最后我爸回来了,把她给带出去了,那时候已经很晚了。

每次跟她一谈,就是谈一个下午、谈一个晚上,根本停不下来,就一直跟她兜圈子。

陈瑜　你一直在说自己自控力差,是什么情况?

小孙　因为家长不让我看手机,一有机会,我可能就会忍不住去看一眼。

陈瑜　一天看多长时间手机呢?

小孙　一两个小时也会有的。我就会想着,可能待会儿就没机会了,然后就很难控制自己。

后来吧,我就觉得如果我自己管自己,不用背负太多别人的期望,让自己的生活比较平衡的话,我就可以管得比较好。

- 4 -

陈瑜 你小时候跟妈妈关系如何?

小孙 我小时候跟我妈关系其实非常好。读预备班时,我很不适应学校,不想上了,她就会每天晚上都来安慰我。那时候我觉得她还是很好的。

她也学过心理学,以前也一直挺开明的,不知道从什么时候开始,感觉很多事情就不一样了。

现在想想,她以前的很多举动,或者她现在教育我弟弟的这种举动,感觉就非常的虚假,让我很难接受。

本质上,在我看来,她就是每天坐在沙发上看手机,可能每天看八九个小时,看各种视频,个人卫生、各方面家务也不管,弄得乱七八糟。但她觉得自己是在工作,觉得自己没有任何问题,都是我们的问题,觉得除了她,其他人都是神经病。一说她不好,她就开始疯狂地诋毁自己,把自己弄得很难过。感觉她是个非常矛盾的人,对自己的认知有偏差。

她变脸非常快,上午刚跟你疯狂地吵了一架,下午就蹭上来,装得很亲密。她跟我弟弟也是这样。

陈瑜 妈妈跟弟弟的关系怎样?

小孙 他们有时候关系还挺好的,有时候就闹得很坏。很多不尊敬的话我弟弟也敢说,他各种顶嘴,非常能闹腾,有时候还会动手动脚。我妈妈打他也打得比较多,但是他们过一会儿关系又会变得非常好。

陈瑜　你跟爸爸关系怎么样？

小孙　我们其实说话不是很多。有时候他喜欢叫我出去散步，然后跟我谈话，从各方面教育我或者引导我，其实我也不是很反感。

但是有时候跟他探讨很多事情，每次说完自己的想法，就会感觉非常后悔，感觉除了我的学习，我们没有太多的交流。

他有时候会让我非常拘束，我跟他说我的感受，比如我想自己待一会儿，他好像不是很在意。

我现在跟我妈基本上很少交流，都是我爸管我。他就是每天回来之后问一下学校情况，帮我打印一下作业，剩下时间我们就很少说话了。他其实本来还是比较松的，但他对我期望挺高的，无形中也给了我很多压力或者限制。

其实现在的我，就是希望在需要帮助的时候，他们能够尽力给我帮助，希望我们之间更加平等一点，我更希望能够自己管理自己。

最近不知道为什么，很怕我妈再来管我。虽然她在暗地里还是一直在约束我，但我很怕她到明面上来管我，因为我们会发生很多冲突。

我爸也经常劝我，让我和我妈和好，我有时候也不想伤我妈的心，就答应下来。但想想，我也是真的很难做到。有时候，我尽可能让自己原谅她，心里做好了准备跟她缓和关系，或者接受她，然后她又突然给我一击，让我做的努力全白费了。

她经常做一些让我功亏一篑的事情。

- 5 -

陈瑜　你在学业方面好像也有一些困扰?

小孙　最近会突然一下,感觉以前会的题目,现在都不会做了。身边很多以前成绩比我差的同学都可以轻松地做出来,我就觉得不行,然后也非常疲惫,非常受打击。

我每次考试都非常害怕,考得不好的话,我就不知道以后该怎么办。我今天就不停地追问,很多事情不停地循环,我到底该从什么地方开始改变。

陈瑜　最近发生了什么,让你的学业表现不够理想了?

小孙　现在感觉身体哪哪都不好,像老人一样,外在内在都有很多病因,特别容易疲惫。

晚上别人还能集中注意力的时候,我已经累得想躺在地上了。一般晚上下定决心,打算明天请假不去上学了,然后睡一觉起来,精力好很多了,又会觉得总要面对上学这件事,而且也不想落下课程。

感觉很多事情都做不完,时间不够用,注意力不集中。下午精力就开始衰退,上课一个晃神,就听不懂了,非常苦恼。下课之后老师又被几个好学生围着,过一会儿就走了。我的问题到最后也没能搞明白,问题越积越多,然后我就会越来越听不懂，就开始非常受打击。

前一天晚上已经拼尽全力复习，第二天打起精神考试，考完感觉很好，但分数出来又是比很多人都要低。

本来想得好好的，但总是被拉回原来的位置，每天大起大落，摆脱不了这个循环。如果能从中解脱，其实我觉得应该会很好。

我现在对自己的期望，感觉也比以前高了很多，就是希望战胜那些成绩很好又很嚣张的同学，但又不停地失败。

陈瑜　为什么要战胜那些同学？

小孙　我一方面觉得我不应该比那些人差，他们可以做到，我也可以做到；另一方面又隐隐有点期盼，想要获得喜欢的那个女同学的认可。

她成绩非常好，我很欣赏她，但后来被拒绝了，理由是她需要努力学习。我觉得我不能给到她帮助。

现在学校里的名额分配竞争激烈，排名非常重要，我也希望能够借助中考，遇到更好的同学。

很累的时候，会有很多很疯狂的念头。

陈瑜　什么疯狂的念头？

小孙　有过一些消极的念头，还会跟一些有过相同想法的人讨论这个问题，都是一些很奇怪的想法，感觉很不好。

我小时候非常害怕恐怖或者悲伤的结局，连童话里的魔法我都非常害怕，一想到家人将来会衰老或者死亡，我就会哭。我非常容易哭，就有点多愁善感吧。

对一本书，比如《三国演义》，里面几百个人物，每个人的死亡原因，我都探索得非常清楚。如果一个人物被人杀死或战死，就是非正常死亡，我可能就会不喜欢这个角色。但不知从什么时候开始，我的感觉跟以前完全反过来了。前段时间，我爷爷离开了，我好像试图强行让自己感到悲伤，但没有什么太大的情感波动，这让我很疑惑。

我跟小时候完全像是两个人。小学时，我是天不怕地不怕的，什么事都不过夜，什么都不在乎，非常快乐、开心，上初中之后就不太一样了。

陈瑜　你觉得自己有焦虑和抑郁倾向吗？

小孙　会，我觉得有时候还挺严重的。

我朋友就说我在外面比较放肆、比较不在意，做一些"社死"[1]行为感觉也不会对自己产生影响。其实背后或者在家里，我是非常焦虑和抑郁的。

陈瑜　有去看过学校的心理老师或让家长带你去看过心理医生吗？

小孙　没有，我不是很想跟别人说这些事情。我其实波动也挺大的，就感觉像人格分裂一样，有的时候就很外向，说话也很利索，我还做过主持人，上台演讲，可以跟陌生人很快熟络起来。有时候就非常困难。

我班主任就是心理老师，我不是很喜欢她，她教道法（道德与法律），对于她的一些言辞，我不知道为什么就很反

---

[1] 指社会性死亡，即在大众面前出丑，在社交圈中做了丢人的事情，抬不起头，没有办法再去进行正常的社会交往。——编者注

感、很抵触。她常常夸自己很公平，其实根本不是，我觉得她言行不一。

- 6 -

陈瑜 你怎么看待自己？我指自我评价。

小孙 我觉得自己优点其实还是有几个的：我适应新环境、接受新概念的能力还是比较强的，我平时会看很多书，会进行一些深度思考，或者对自我有一些主动性的认识。

然后有很多弱点：我自控力很差，异想天开，不切实际，没有规划，没有恒心，做事容易变，我很难专注或者专一，学的东西多，太散漫了。

我对自己的认知也有很大的反差，我有时候非常开朗外向；有时候就非常内向，有社交恐惧症，出门都会腿软。

有时候觉得自己挺好，但是经常自我否定，会嫉妒别人，比较贪心。有时意识到了可以控制自己，有时就不行。

有时我其实不怕死，觉得死亡其实只是生命的一个过程，但有时就会非常担心，一直杞人忧天。

有时我非常开放，非常自由，非常前卫激进，有时也会非常保守，非常担心，非常传统。

总体来说，我是一个非常矛盾的人，这让我经常很苦恼，不能认清自己，也不知道自己该干什么，然后使劲想弄明白，但什么都想不通。

陈瑜　对你来说，现在最让你烦恼的是什么？最想解决的是什么？

小孙　该如何跳出这个怪圈，让我可以非常安心地生活，让我可以有一个稳定的生活，让我可以自己努力，然后进入一个良性循环。

这样我就可以有时间、有精力去做自己想要做的事情，让自己在清醒的状态下，管理好自己的生活，然后可以获得别人的认同，也可以缓和跟家人的关系。

陈瑜　你觉得阻碍你安心生活的最大因素是什么？

小孙　一方面是我的内心，还有一方面是外来干扰。

内在吧，就是自己容易陷入怪圈，虽然知道该怎么做，或者知道什么是正确的，但就是不能去执行或者去改变。

外在就是一些家里人的困扰、学校的困扰，这些是主要因素吧。

陈瑜　你说之前质疑学习的意义，后来说服自己了。如何说服自己的呢？

小孙　一方面告诉自己，其实学习也没什么，很简单的，我就相信了。另一方面就是，其实我也蛮希望跟那个女生考到同一所学校去，虽然可能性不是很大。我还跟自己说，其实学习的好处有很多，让自己看那些比较励志的视频，给自己一些勇气。而且学习好的话，跟家里的关系也可以变好，跟老师同学的关系也会变好，所有都变好了，是一劳永逸的事情。

有个人跟我说："学习嘛，谁不是要扒一层皮的。"这句话我非常喜欢，感触很深，有时候实在不行，就用这句话鼓励一下自己。

陈瑜 你对未来有什么规划？

小孙 我想要上一所好的大学，结识几个可以信赖的朋友。以后希望一手开一个自己的工作室，发表一些文章或者时事评论，一手开一个艺术工作室，实现一些自己在艺术方面的理想。同时写小说，我非常喜欢写作。另外，我想和朋友一起创业，进行价值投资。或者找一个乡下的田园，生活成本也不会很高，可以活得比较安逸舒适。

如果能让自己内心快乐积极，充满动力，在生活上剔除以前的不足，或者说摆脱过去的人和事，生活可能会有条理起来……

陈默老师

点评分析

　　小孙出现的问题，是他一直处于冲突、矛盾、不安、烦躁的环境中，这个家无法让这个孩子心神安宁，内心整天翻江倒海所致。这种现象在很多家庭中都存在。

　　小孙说他小时候感觉很好，后来妈妈生了第二个孩子，他变得敏感，有时候会觉得自己有社交恐惧症。这是两个同性别孩子中老大的通病。为啥会敏感？因为他眼睛一直看着老二跟妈妈在一起，心里会生出很多滋味和想法，只要是涉及母亲的事，每桩都弄得不顺利。

　　像小孙父母这样的家长也不在少数。在家庭中，父母会显得比孩子还要幼稚，前后矛盾，讲话不算数，跟孩子怄气，讨价还价，把孩子赶出去，经常说"不要你了"，基本的为人父母之道都不具备，又意识不到自己的问题。孩子得不到很好的成长支持，只得到经常跟他冲突、给他添麻烦的大人。

所以，关于家庭教育的学习问题，真的要排上议事日程。现在国家推行《中华人民共和国家庭教育促进法》，大有必要！家长要快速成长，要了解到小孙父母这种教养的方式、跟孩子互动的方式，实际上给孩子带来了很大的困扰，给孩子制造了很大的成长阻碍。

因为孩子在家里得不到强有力的支持，所以他在外面的人际关系中就不顺利，不是别人不喜欢他，而是他自己有太多的不安定、不安心、烦躁、敏感，使得他在人际关系中有很大的压力。这种压力使得他心情不好，常常把坏心情带回家，父母又不理解，不知道孩子情绪不好时需要安慰他，孩子反倒受到更大的情绪摩擦，得不到一点点情绪上的修复，第二天就难以有力量轻装上阵。

所以在家庭教育中，希望父母尤其要重视，要创造适合孩子成长的良好环境。特别是在两个同性别兄弟或姐妹的家庭中，妈妈尤其要成熟，如果自己比独生子女的妈妈还要幼稚，那么要带好两个孩子，恐怕是很难的。家长要先成长起来，才可以给到孩子力量。

在我看来，小孙本身没有太大的问题和缺陷，纯粹是家庭环境让他无比烦躁，他的家不是遮风挡雨的地方，不是心灵港湾，而是麻烦制造地。

No.
——
06

她常考年级第一，
却从六年级开始自残、酗酒……

妍妍／女／初二／陕西

概况：自述有抑郁症。

优等生，长期受同学排挤和语言霸凌，得不到老师和父母的理解和支持。

"你去学校就是为了学习，不应该被其他事情干扰！"——当孩子碰到难题向家长求助时，有多少父母会给到如此这般的"宽慰"？

孩子的生活真的只有"学习"就够了吗？

妍妍不愿被当作刷题机器对待，不得不用自己的方式去感受"活着"，去寻找爱……

妍妍 小学四年级的时候，我跟我们班长成绩拉不开什么距离。我父母就觉得，每一次我比人家考得好，那就是我侥幸；而如果我没有对方考得好，那就是我不够努力，然后就会想尽一切办法让我去提升。他们觉得我就像一个机器人，天天刷题到12点就够了。

后来我确实考分比班长高了，但是我总觉得我一点也不开心，因为每回都是年级第一的话，我身边那些朋友都慢慢开始疏远我。不跟我玩的同学把跟我玩的同学给带走了，说我一大堆坏话，说我现在成绩好，以后就会不跟他们玩了之类的。

陈瑜　为什么他们会远离你？

妍妍　爸爸妈妈的解释是说，"那不就是因为你成绩好吗，他们嫉妒呗"，说我应该开心。

陈瑜　你自己觉得呢？

妍妍　我觉得可能真的是我没有去主动找他们，又或者说他们真的被群众的力量影响了。最初是一两个同学不跟我玩，后来全都不跟我玩了。

陈瑜　被同学疏远，对你产生了什么影响吗？

妍妍　有！四年级之前的话，我上课都是比较积极的，想到什么都会直接举手说，不管对错。本来我就有一点点内向，四年级之后，变得特别内向，说话特别小心，或者说有的时候，别人说话大声一点，我都会觉得想吐。现在上课的时候，就算我知道答案，我也不会举手，或者我会把答案在嘴边练习上好几遍，等我再举手的时候，别人都已经说完了。

长时间我就一直一个人，我去找他们说话的时候，他们会骂我，让我滚，或者说什么神经病、不要脸。还有好多好多事情堆积起来，比如他们抄我作业，抄作业没问题，但是他们不跟我说，有的时候把我本子也撕了。

后来我一个人习惯了，可晚上还是会用拳头打自己头或者把头往墙上撞。这是一个常见的问题。

六年级的时候，我尝试着让自己改变，因为我觉得我真的不适合再一个人这样煎熬下去。

这个改变从那一次写作文《我的好朋友》开始，我真的不知道该怎么写了。当时我编造出来的故事，就是我跟我的朋友玩得特别好，每天手拉手之类的，但我自己读文章的时候，都觉得好尴尬、很讽刺。

然后我就想着，我是不是要改变一些。我觉得可能是我自己的问题，我没有去主动地找别人，虽然说每次找他们，都会被骂。

我尝试着成为他们中的一员，他们笑，我也跟着笑，他们那样去骂一个人的时候，我看着他们骂。可到后来真的跟他们说话，他们还是会骂我。

有个男同学他家刚好跟我家顺路，有的时候早上碰到，他就会给我买一些早餐之类的，我们俩就一起去学校，压根就没有什么其他的。但是同学们都在说，说我们做了见不得人的事情。我当时特别特别崩溃！

之前所有的事情我都没有和别人说，我没有告诉老师，其实那些话他们已经说好久了。那天晚上，睡不着，我就发了个朋友圈，发他们骂我的那些话，我把我最真实的想法全都打出来了，我就是想让自己发泄一下。

我当时把我父母屏蔽了，我不想让他们看到，因为他们看到也只会说是我的错。

- 2 -

妍妍 第二天，班主任把我叫了出去。她已经快退休了，所以对我们也没有太上心。虽然说我很讨厌她，但是人家说了那么多话，我确实还有那么一点点感动，差点就信了。

陈瑜 班主任说了什么？

妍妍 说以后的路还挺长的，不要为这件事情去烦恼，要好好生活，还说现在就压力这么大，以后该怎么办。

就在我想要好好生活的时候，班主任把说我比较多的几个同学都叫出来了，他们跟班主任的解释就是，不过是跟我玩玩、开个玩笑而已，没想到我玩笑都开不起。

我就想知道，他们把一个女孩的清白当作玩笑……（哭）

陈瑜 那时候肯定特别伤心。

妍妍 对，就像坐过山车，心情刚开心到极点的时候，就突然坠落，一秒都不到的时间，直接掉到地上。

陈瑜 你是指当那些同学跟老师这么解释的时候，你的心情就像过山车一样下来了，是这个意思吗？

妍妍 对。然后班主任就把我们班两个班长叫过来，说让她俩多跟我玩玩。我觉得朋友不是这样来的，但是当时碍于班主任的面子，我也没有太反驳，然后跟两个班长牵了下手。

人家都去忙了,我自己坐在座位上,就开始哭。同学们全都跑到我座位这边来,手捂着嘴巴,有的声音大,有的声音小,但是我全都能听清。

"你看她是不是在那哭?""那是真哭还是假哭?"有些男生还直接跑到我座位面前,看我一眼,然后看看我书上写的东西。

那阵子我书上写的都是一些消极的话,他们看完了就跟旁边的同伴继续说。当时一堆人围着我,我心里更崩溃了,就跑到阳台上去。

我们教室门一推开就是阳台,我在三楼向底下看,感觉人家一年级的同学,本来彼此不太认识,但是经过了一年的相处,然后真的就会变成好朋友,心里就挺羡慕的。

而转过身,却看到自己的同学还在嘲笑我。

陈瑜　当时已经很伤心了,听他们这么说的时候,你是什么感受?

妍妍　我当时就想着,回家之后,把东西放下,好好哭一场。

然后那天中午,应该是班主任给我妈打电话,我妈就回来了。我就想着,她能回来,肯定还是挺爱我的。我跟她说,我下午不想去上学了。她说没关系,那就给我请假。

我用了一下午跟她说,我想去医院,我想看看我到底有没有病。她跟我说,年纪轻轻怎么可能有那种病,是我自己平常不好好学习,把心思全都用到了学习之外的地方,然后才会这么想的。

但是我觉得我压根就不是什么不好好学习的问题。

陈瑜　说服不了妈妈,怎么办呢?

妍妍　第二天还是去上学了，接受他们那些目光。一直怀着那种心情，就没办法好好地学习，然后就一直持续到毕业，我小升初的成绩也不是特别理想。

暑假的时候，我就一直在想，千万不要有人跟我进同一所初中。然后想，我是不是要换一副面孔对待新同学、新老师，让他们觉得我特别阳光、特别开心。我自己假装每天开心，可能真的就会开心了。

一个暑假都在想这个，我可以花上4小时甚至一天的时间在镜子面前看着自己，我应该怎么跟同学去笑，或者说我要想着开学怎么去帮助别人，让他们不要陷入学习困难……全都是为了想跟他们相处。

但是开学之后，学校里确实还有之前的同学。

刚开始有一个开学考，我考了年级第一。虽然说我小升初的成绩不太好，但是骄傲一点来说，我底子在那，刚好暑假也在补课，所以我考得还挺不错的。

那阵子，可以说全年级都认识我了。

但是到后来，我发现还是有小群体的存在。有一次中午在饭堂吃饭，有一个位子，我问他们："这里有人吗？"他们都说："没人，你可以坐。"

然后有个人说："那不是A的位子吗？"又有人说："这都是轮流的，没事，你坐吧。她来了，让她去别的地方坐。"

我当时就坐下了，但是A同学过来了之后，刚才跟我说得好好的同学们全都在指责我："这不是A的位子吗？你为什么要坐在这？你自己没位子吗？……"一桌人看着我，那种目光让我突然想到六年级时关于清白的事情，然后心情就突然间回到了六年级。

- 3 -

陈瑜 关于与同伴交往的困扰，最初你也是寻求过爸爸妈妈帮助的，对吧？

妍妍 我说过，但是他们从来不信，他们觉得压根就没必要有朋友。我去学校是为了学习，而不应该为了一些朋友的事情受干扰，我不该这么早进入社会。我小学的同学，到初中我就不会再联系了，他们总是这样认为。
到后来，我跟他们讲一次，他们就骂我一次，说什么全都是我自己的问题，他们为什么不孤立别人。我就觉得说了跟没说一样，所以我就不说了，全都藏在心里。

陈瑜 从什么时候开始不太去跟爸爸妈妈说你的问题了？

妍妍 就五年级吧。

陈瑜 从什么时候开始伤害自己？

妍妍 最开始是在六年级。
发生饭堂那件事时，不小心把胳膊划到了，特别疼，然后就开始自残。

陈瑜 现在还会有这样的情况吗？

妍妍 会。

陈瑜 爸爸妈妈看到了吗？

妍妍　我妈妈看到过，我爸爸并没有看到。

陈瑜　我之前采访过一个女生，她初中自残的时候是期待爸爸妈妈看到的，是想得到他们关注的，她的原话是"我甚至已经暗示到明示了"。

妍妍　我觉得刚开始可能我也想让他们看到，后来我觉得他们看到了也不会怎么样。

有一次我妈妈看到了，她就说："你怎么不弄得再深一点、再长一点？"

陈瑜　妈妈说这句话是什么意思？我不太理解，是讽刺挖苦，还是希望你不要这么做？我不知道她说这句话的语气是什么样的。

妍妍　我也捕捉不到，但是我觉得可能是讽刺跟关心。她说完这句话之后，我就没有再自残了。但是她一直挑我刺，我忍了好几天，又崩溃了，就又自残了。

后来，她没有看到，我觉得可能她真的就不会看到那些东西了。

陈瑜　爸爸妈妈说什么话，会让你非常难过，让你崩溃，想要伤害自己？

妍妍　我爸说"你今年初二了，特别重要"。天天说，真的就特别令人无语！我妈妈她会说"暑假结束了，你要收心了"。她这话天天说，还有意思吗？！

我知道他们上班不容易，但是老给我吊个脸，回家了看我不顺眼，他们就破口大骂。我觉得可能我永远都达不到他们的需求，可能我什么都做不好。

那次我妈在厨房，让我帮个忙。我当时就不想离她太近，因为我手上有伤，我怕她看到，就站在厨房门外面。她当时就说什么让别人看到了，搞得像是她虐待我一样。难道她那些行为，不是在虐待我吗？！

就天天挑我刺、挑我刺！

陈瑜　你童年的记忆里，有和爸爸妈妈在一起感觉好幸福、好快乐的时光吗？

妍妍　我真的记不起来了，唯一能记起来的就是我上学前班的时候，我妈妈坐在床上给我辅导练习册。我当时是短头发，我爸给我拍下来了。我就记得这张相片，其他的事情，压根就没有什么印象。

陈瑜　他们带你出去玩、吃个饭，或者摸摸你、抱抱你，有这样的记忆吗？

妍妍　没什么事绝对不摸我，抱的话，好久没抱了。

六年级毕业那次，我觉得我长大了，终于能脱离那些同学了，能帮我妈了。当时就给我妈打电话，说我去接她下班。我见到她的时候，就抱住了她，她不让我抱。

陈瑜　为什么不让你抱？

妍妍　可能是因为嫌在外面，或者说是感觉我大了，再或者说是我抱的劲太大了，还说我假惺惺的。

陈瑜　你觉得爸爸妈妈爱你吗？

妍妍　他们挺爱我的，但是方式错了。

陈瑜　他们是什么方式？

妍妍　他们根本就没有理解我，他们不知道我内心想要什么。我跟他们说话，他们总会反驳我，他们把他们心中的想法认为成我的想法。他们总会觉得他们都是对的，然后三个人的商量，就变成了他俩做决定，我去执行。

陈瑜　你做什么样的事情，爸爸妈妈会满意？

妍妍　就是我从早上学习到晚上，24小时开监控，让他们看到我24小时都在学习。或者说我不是在学习，就是在做家务，除了这两个我什么都不做，不碰一下手机——我觉得这可能就是我能让他们开心的。

陈瑜　如果过这样的生活，你会是什么感受？

妍妍　我现在每天晚上6点放学，到家7点、7点半，吃个饭就到8点了。我从8点开始学习，学到12点。他们还在给我买各种各样的辅导书，我就做，然后还要预习，看第二天要学的那些课程的视频。我前一天晚上把第二天要学的先看一遍，第二天学的时候，他们就觉得我能学懂了。

总是这样超负荷地运转，可能我就会真的垮掉。

- 4 -

陈瑜　你会在网上交朋友吗？

妍妍　我在网上认识了一个哥哥，他是一个大二的男生，我跟他认识三四年了，关系一直特别好，但不是情侣。他高中时的室友是我小学时认识的朋友。

陈瑜　你们是怎么认识的？

妍妍　在一个学习英语的群组里认识的。

陈瑜　他很照顾你，是吗？

妍妍　他确实对我挺关照的。我们没有见过面，但我有他的照片。当时还发生了一件事，我跟他说我特别难受，然后他就给我发了一大堆话，打字速度也特别快，就问我发生什么了，能不能跟他说一下，语气特别好。我就觉得还真挺好的。

陈瑜　他是一个心理上的依靠？

妍妍　当时是的，因为他给我讲过题，他也监督我不能伤害自己。

陈瑜　你妈妈知道他吗？

妍妍　有一次我妈妈看我平板电脑，发现一个文件夹里面全都是我跟他的聊天记录截屏。但当时她其实没有跟我发太大的火。

但是我真的只是觉得网络上认识的那些人真正地关心我，会因为我自残生气，让我不要去做那种事情。而作为我的亲生父母，当我哭着跟他们说一些事情时，他们还说都是我的错。

我是抱着这种心理，开始网上交友的。

陈瑜　你是不是觉得，网上有一个人关心你、在乎你，这件事情对你来说特别特别重要？

妍妍　对。

我爸妈平常只会说初二重要，让我多写作业，但是他们从来不会真正了解我心里是怎么想的。但是我这个哥哥，他确实也会催着我写作业，催我记单词打卡，写完作业之后，我都会给他拍过去，他就会帮我检查一遍。他会把我做错的题给我讲一遍，我说我没听懂，他就会再讲一遍。

有一次我作文没写，他就跟我说："这个很重要的，中考特别容易考，所以你写一下，乖。"

我写不写不重要，重要的是他跟我说了一句"乖"，真的感觉我就像一个小猫，毛发被抚顺了。我父母就不会这样，他们只会讲："你必须给我把这个写完，你今天写不完，就不要睡觉！"

陈瑜　在网上有这样的朋友让你体会到温暖，挺难得的。你在现实生活当中，有跟人这么敞开心扉吗？

妍妍　小学时应该是没有。初中的话，对现在的几个朋友，我也是有一些避讳的，因为我觉得有些事情不该让别人知道，或者说我觉得他们可能会因为这件事情去要挟我，或者不跟我玩。

陈瑜　但在网上，你会有安全感。

妍妍　网上会啊，因为我们认识的时间比较长，互相知道的也比较多。

陈瑜　这样的朋友在你生命当中扮演了什么样的角色？

妍妍　老师、朋友，还有领路人。

陈瑜　是你很重要的情感寄托吗？

妍妍　对，在网络上我可以把我的想法说出去。

陈瑜　他给到你的回应是你需要的吗？

妍妍　基本都是的，用"基本"这个词，是因为毕竟没有人会完全喜欢你。

陈瑜　现在来说，你最大的苦恼、痛苦是什么？

妍妍　就是我很迷茫，除了发呆和跟手机接触，好像就没什么能让我开心的，一天天就这样浑浑噩噩的。

如果时间静止下来，我就想让自己好好睡一觉，所有人不要来打扰我，在只有我自己的世界里面休息。

陈瑜　特别累？

妍妍　对，但是我不知道为什么累，我也搞不懂哪里累，身体也不想动。

不知道为什么，我总觉得特别烦，脑子很乱。我特别想找到我为什么要烦恼，但是怎么都找不到，所以我就越来越烦，就这样一直烦下去。

陈瑜　会有一点抑郁的情绪吗？

妍妍　六年级时，我就已经觉得自己有一点抑郁了，现在的话可能也会有些。

陈瑜　在课堂里学习，能专注听课吗？

妍妍　做不到，没办法认认真真干一件事情。

陈瑜　你六年级的时候提出让爸爸妈妈带你看一看医生，后来还有提出过吗？

妍妍　没有了。

陈瑜　会再去争取一下吗？

妍妍　不会了，问了等于没问，他们不会带我去，我们家金钱压力是挺大的。

我非常了解他们，再多的人跟他们说，他们也不会带我去。他们从心底就觉得我年纪小，我怎么样都是装的。

有的时候我在学校心情不好，回家摆脸子，他们就会问我怎么了。我跟他们说了我的烦恼，但是其实得到的回答压根都不是我想要的，所以也不再跟他们说什么，他们也不会真正地去关注我的情绪。

陈瑜 你和他们现在还有沟通吗？

妍妍 基本没有。有的时候，他们把我叫过去，跟我说："你看你一天天的都在干啥啊，你干脆别写作业了，干脆就别好好学习了。"还说什么他们俩现在是技术工，我要是这样的话，以后连他们都不如！

反正就说一大堆，为了学习才把我叫到他们面前，然后说我这不对、那不对。

陈瑜 他们很关注你的学习，对于心理这一块，你觉得他们是不懂，还是拒绝去了解？

妍妍 我觉得他们根本就不懂，并且不想懂啊！

我妈脑洞大开，觉得我把这种事跟班主任说，会影响班主任对我的判断，觉得我是个另类，以后有什么机会，班主任就不给我了，所以，她一直不让我跟班主任说。

陈瑜 你有找过你信赖的老师吗？找现实生活中爸爸妈妈之外的成年人，去寻求他们的帮助和支持。

妍妍 刚开学的时候，跟我现在的班主任说过，我觉得我心理可能有问题。然后老师说，要让自己放空，还说了一些建议。

我尝试了，当时确实作用不太大。

陈瑜　学校有心理老师吗？

妍妍　心理老师是政治老师，把心理课都上成政治课了。人家就也是跟我提了些建议，让我把心思放在学习上，其他的事情就暂时不要想，想了我就会更难过之类的。后来我就没有找过了。

陈瑜　想来想去，好像没有出路了是吗？

妍妍　就是很多的死路、死结。

我之前就想着我自己去医院看看，但是它肯定是需要资金的，我已经查过了。

我昨天自己去了药店，想买药，我觉得我最近实在太乱了，就想吃一点药让自己冷静下来。当时问了一下那个药的价格，非常贵。

陈瑜　多少钱？

妍妍　好像是56元，就那么一盒，特别小。

陈瑜　你买了吗？

妍妍　我没买。我一个礼拜的零花钱是100元，我大不了早上不吃饭，省下钱去买一些药，让自己赶紧快乐起来。

这个学期，我真的挺想攒钱的。

陈瑜　但是把饭钱攒下来去买药的话，也会伤身体。

妍妍　没关系，反正之前也不是没有胃疼过。

我觉得我现在其实压根就没有什么能解决的方法，除非父母不再说我太多。只要这样，我可能真的就会少一些精神上面的压力、摧残。其实大多数的难过还是来自我父母，其他的我都可以自己消化。

我觉得自己的年龄一直停留在 12 岁，就是我六年级的时候。因为我觉得我碰到事情的时候，还是自己忍着，大不了就在网上说，其实解决的方法以及考虑事情的心态都和那时一样。

陈瑜 你心底是不是特别渴望爸爸妈妈把你当人对待？

妍妍 对！

陈瑜 如果爸爸妈妈由于自身经历、原生家庭、认知水平，他们最终都做不到，怎么办？

妍妍 我会尝试着离开他们，自己一个人生活，然后偶尔跟他们联系就行。

现在在我的意识里面，我已经知道什么事情跟他们说的话，我会得到劈头盖脸的一顿骂，那我压根就不会去告诉他们……

陈默老师

点评分析

妍妍好像没有开心的时候,在学校被同学排斥,在家里被家长挑剔指责,生活太不快乐了。

因为家庭氛围差,长期心情不好,到了学校很难融入人群,不管是表情、肢体动作,还是态度,都会让别人觉得她是一个不想与人交往的人,所以久而久之,她就成了被孤立的人。一个孩子在人群里被孤立,对她来说,几乎是致命的。

这个时候,如果她回到家,能够得到父母的安慰、强有力的保护和支持,那么她还能在学校里撑住,但是妍妍的家显然给不了她理解和支持。当然,如果家能给得了她这些,她也不至于在外面是这样的遭遇。

妍妍的父母无法理解孩子的内心世界,他们可能还处于这样的认知阶段——不缺你吃,不缺你穿,家长的责任就尽到了。至于对孩子内心感受的理解,对孩子情绪波动的观察,在这一类家庭里面很少存在。

这些家长可能会这样认为：他们早年时，父母也是这么对待他们的呀，也没有关心他们的内心感受、心理变化，他们不也这么长大了吗？

问题在于当今的孩子与上一代不同，他们直接跃过了最基础的物质需求，有比较高的心理需求。妍妍的心理需求显然是不能够被满足的，只要跟家长交流，得到的回应都不是她想要的。也就是说，有一些家长只能在某一些层面上跟孩子互动，再高一些层次，他们就无能为力了。

现在的家庭教育，需要家长能够成长到在更高层次上跟孩子对话，可以给予孩子理解，可以跟孩子天上地下地讨论他们感兴趣的话题，可以给到孩子充分的信任和尊重。这是现代家长需要具备的能力——满足孩子精神层面的需求，不然，孩子会感到不满足，长期不能被父母理解，会感觉非常孤独、无助。

面对像妍妍这样的孩子，成年人应该感觉到心痛！但是家长未必能理解孩子痛苦的程度，而这种不理解会加深孩子的痛苦。

这个案例其实是让我们面对"怎样和当今的孩子相处、怎样做好当今孩子的父母"的问题。孩子们更大的需要，是精神上的。满足这种需要，才是合格的家长。

No.

07

"要开学了,我好怕爸妈的坏情绪会影响我的学习……"

语喧／女／高一／广东

概况：焦虑情绪。

父母起伏多变的情绪，让人心神不宁。一家人好似共生体，互相影响，彼此伤害。

和我通话的时候，语喧的爸爸妈妈还在吵架。她从战火中撤退出来，非常无奈。

中考前，爸爸花了4万多元让她去培训机构一对一补课，最后的成绩没能如愿。暑假里，这事成了他们家的地雷，动不动就会被引爆。

开学上高一，她压力有点大。课业可想而知会更加繁重，但她还要分出很多心思去消化父母情绪对她的影响。

"在一个困局里面，必须有一个人先做出改变，困局才有改变的希望。"这个十多岁的姑娘说，"我没有办法改变父母，我想改变我自己"。

我破天荒地在访谈里给语喧出了很多主意，希望能够帮助她找到改变的起点。我更希望家长们能够看见，当自己内心的不安和焦虑转化为外在的发泄和控制时，孩子们在经历什么……

- 1 -

陈瑜　高中是你如意的学校吗?

语喧　说实话我刚考完那段时间,比较崩溃,我原本是想考我们市排名第五的高中。

中考前一个月,我就从学校里面出来了,去机构上全日制的补习,一对一的那种。但因为种种因素,我状态也不是很好,情绪经常起伏很大。我确实是一个状态很不稳定、比较多愁善感的女生。

我爸就很后悔,觉得花了4万多,没有达到应有的效果。我也有一些不太舒服。

陈瑜　会觉得有点愧疚?

语喧　嗯,因为我爸很喜欢翻旧账,把一些事情不断拿出来说、不断拿出来说。包括今天,我们家吵架,我爸又提这件事,指责我和我妈没有反省。但说实话,我在那里也收获了一些东西,没有必要搞成这样子!

他们现在还在门外面吵。

陈瑜　当时去机构读书,是谁提出的呢?

语喧　我本身没有这个念头。有一天,我爸突然跑过来跟我说,有全日制补课这种东西,想让我到时候去冲一冲。其实我当时是比较抵触的,我爸就说"去试一下",算是埋了一个种子。

大概中考前一两个月，当时我跟学校进度跟得有点吃力，晚上做不完作业，晚睡，第二天去学校，上课基本在打瞌睡。有些作业没完成，又会焦虑。

后面就有点想去全日制补课，那里一对一，可能让我可以更有针对性地冲刺，所以是我先提出来的。

陈瑜　爸妈也就答应了？

语喧　我爸算是股民，他每做出一个选择，都要经过深思熟虑。他很喜欢把这种思维模式用到生活当中去，经常教我说"你一定要理性"，或者说"你一定要斟酌利弊，去做最正确的选择"。

我们先去机构试了一天，没有说马上确定。然后那天晚上回来商量报名的事，我爸跟我说："你一定要考虑清楚。"他跟我说了很多，很多很多！

陈瑜　爸爸是不是比较在意投入产出比，就是说我投入了时间和金钱，所以我要获得相应的回报和产出。这是他价值观里比较在意的点？

语喧　搞金融的就喜欢这样子，就觉得不能有失误。

陈瑜　你家经济压力大吗？

语喧　我爸不许我去打探任何关于我们家经济的事情，可是如果我每次说要用钱，他又会说我一顿。包括今天下午吵，又说到钱，我爸就说："我都扛着这么大压力，你们怎么还这样子！"

我爸白手起家，让一家人衣食无忧，其实我一直很钦佩我爸，很感恩他，有时候我都觉得很愧疚。

我现在说得比较多的是对我爸的埋怨，但其实我爸也有很多很好的地方，我知道他背后都是爱我的。我可能会说得比较主观一点，所以老师，你可以把我说我爸的这些话，稍稍往好的方面去想一些。

陈瑜　嗯嗯，我了解。

- 2 -

陈瑜　除了你的学习，还有什么事情会引发你们家的冲突，让你觉得很不舒服？

语喧　我从小学舞蹈，六年级的时候，我爸逼我去考特长生。

有一次我印象特别深刻，中午回来，我跟他吵，就朝他吼了一句，说："我恨芭蕾！"

说实话，我爸除了我小时候打过我一两次，基本上没动过手。但那天，我说完之后，他就冲过来，指着我说："你想让我打你是吧？！"我当时真的被吓坏了！

后面折腾来折腾去，就去考了，又花了一堆钱，学芭蕾确实比较烧钱。结果没考上，可能我青春期身体逐渐长硬了，"软功"就不太行了。

陈瑜　爸爸想让你走特长生的道路，你为什么不想走？

语喧　其实我很早就有抵触情绪了。说实话我一直还挺喜欢芭蕾的，但是不想在那个团里待下去了，团长说话比较冲，骂人骂得比较难听，有时也会不平等地对待团员。

团里面很多女生，感觉就很趾高气扬、很有优越感，在她们面前，我总是会有一种自卑感，导致我在团里比较憋屈。到了五六年级之后，我发现很容易心累，真的是很不舒服，真的很不想学。

然后我爸就一直觉得我应该学下去，坚持了这么久，花了这么多钱，不能让它全打水漂了。

我坚持到了初一。记得有一次出国比赛，那个台真的是很滑，彩排的时候，我就滑了一跤。（哽咽）国外的老师可能就比较严吧，我当时站起来想坚持跳完，那个老师就一个劲地摆手。

可能我确实比较敏感，容易多想。我跳完下去之后，团里基本上没什么人安慰我，我当时又是在国外，就真的很难受。（哭）

我打电话给我爸妈，他们刚接，我就挂了。因为我真的不知道怎么说，真的就是感觉很孤立无援。

陈瑜　嗯，当时那个处境，的确挺难受的。

语喧　到了初二，我自己偷偷跑去理发店把头发给剪短了，短到扎不起来。这是我做过的算是比较叛逆的一件事。

陈瑜　你哪里来的勇气？

语喧　我已经想了很久了，不学芭蕾，不学芭蕾！

陈瑜　爸爸妈妈看到了，什么反应？

语喧　我妈知道这个事情。我跟我妈的关系会比跟我爸的关系更亲密一点，也不能说更亲密了，就是跟我妈会更敞亮一点，这么说合适一点。

我爸特别喜欢使用冷暴力，他的常用手段，是在家里生闷气。那次他大概生了三四天气的样子，没有说话，就跟一个冰雕一样，抿着嘴，闭着眼睛，坐在沙发上，插着手。在家，基本就是这个样子。

陈瑜　所以这也是你的一次抗争？

语喧　算是。

陈瑜　"抗争"成功了，你是什么感受？

语喧　我短发一直保持到现在，说实话我没有什么特别的感触，因为在这之前，我已经放弃了很多。

- 3 -

陈瑜　今天吵架是为了什么事？

语喧　我都不知道是从什么事开始的，反正就因为各种各样的事情吵，我实在受不了了，就跑到客厅去哭。
　　　我爸妈吵的时候，我一般不说话。我妈有时候看我不说话，就会更生气，就会说一些特别冲、特别不好听的话。逼得不行了，我就可能回她一句，之后我就会很难受，就会哭得更厉害。

陈瑜　你会不会觉得爸爸妈妈的状态，挺焦虑的？

语喧　会！有时候感觉我是我们家最冷静的人，真的。
　　　我真的觉得我们家的问题，很大一部分原因可能就来自平时的沟通不畅。我们的沟通是不太具有焦点、不太具有条理的，有什么情绪，就被什么情绪驱使着去发泄或者去说一些话。

在吵架的时候保持沉默，是我一直以来惯用的方法，因为我觉得吵架的时候要把自己的情绪平复下来，真的很难。当你们两个不断说、不断说，只会越发激怒对方，对方会努力说出更激怒你或者更伤到你的话，然后就会越吵越凶、越凶越吵。

陈瑜 你爸妈说什么话，最激怒你、最伤害你？

语喧 我爸原来说过一句很过分的话。

我算是比较大的女孩子了，不太喜欢我爸老是挠我痒痒之类的。那天，他弄我弄得可能有点过激了，我就比较生气，说："啊，我怎么会有你这样的爸爸！"

可能确实也说得有点过了，我爸当时就特别生气。说实话我可能认错时也不是特别谦逊，可能没有让他感受到我的诚意，他就开始使用冷暴力。

那天我们家下水管道出了一点问题，涌出来很多水。我跟我妈一个劲在那里弄，他躺在沙发上刷手机，我们叫他来帮忙，他理都不理我们。我当时真的觉得世界上怎么会有这么冷血的人，真的是让你觉得很不可思议！

第二天早上，我准备去上学，他突然跑过来跟我说："你不要叫我爸爸！"

天哪，他当时跟我说这话时，我都没有哭，我冷静极了！我现在回想起来，那个时候到底是怎样的一个状态，我竟然没有哭。

大概又过了一两天，我们家的气氛我真的受不了了，就哭着跟我爸去道歉。他说"好了好了，都过去了"，还是很冷的口气。之后，他还是以冷暴力的状态来应对我，又过了几天才好。

这件事情，说实话，伤我伤得还挺重的。

这也跟他的原生家庭有关。奶奶带着三个孩子嫁给了我现在的爷爷，然后又生了一个孩子，我爸排第三，确实小时候在家里头没地位，可能处在一个比较卑微的状态。

现在掌权了，他可能希望把自己的权力发挥到极致，他一直都说要我们两个体谅他。我们不太听他的，不会完全按照他的话来，可能没有表现出臣子对掌权者应有的尊敬。这个形容可能比较极端一点。

- 4 -

陈瑜　感觉爸爸挺不安的，安全感好像有一点不够。

语喧　老师，我跟你讲几件事吧。

他老是怀疑我妈出轨，他"可爱的小脑袋瓜"里真的装的什么呀！我很无语！他不让我妈出去工作，我妈自从生了我之后，就一直算是全职的家庭主妇。

在我们家低谷期的时候，我妈做出改变，去上了一个叫催眠的课。那个学习营历时三天，在我妈出发的那天早上，我爸突然反应很剧烈，就不让她去，还去要了人家的营业执照，还给那里的算是高层人员打电话。

第二天晚上，我爸给我妈打视频电话，我妈不小心挂了。我爸打了几次，我妈接了，我爸就开始愤怒地说："为什么不接电话！"

哇，隔着一个手机跟一道门，我都能听见他们俩在那儿吵。我的天！

后面我就先睡了。第二天早上起来，我爸不在家，跑去找我妈了！我就给我妈打电话，我妈说半夜突然听到有人敲门，开门一看，震惊了，我爸站在那地方一脸怒气地看着她，莫名其妙怀疑我妈……我都说不出口！

最近的一次，我妈去剪头发，他们回来，我就看我爸的脸色不对。我妈说她剪的刘海可能比较斜，理发师就靠近给她弄了一下，弄完之后让她对着镜子，说是不是还挺好看，我妈就笑了笑。

我爸当时拿起我妈的包就拉着她出去，在大庭广众下，就摔那个包。我爸就说……唉，算了，老师，你可以自行猜一下吗？我真的不想说。

陈瑜 嗯。

语喧 那天晚上，我爸有一条裤子找不到，我妈就拿了一条给他递过去。我爸把我妈的手甩开，说："不要碰我！"

我当时坐在家里头，我都是蒙的，我真的对我爸很无语！

陈瑜 爸爸的情绪对你有什么影响吗？

语喧 说到我们家，可能太没有界限了。我的情绪特别容易受到我爸妈的影响，他们有一点点风吹草动……我也不知道，这可能是我从小养成的一个习惯：看到他们脸色可能有点不对，或者他们两个之间有争吵，或者我妈因为一件事不开心，我爸因为一件事不开心，我就会整个人心神不宁。

说实话，在我看来，我爸妈好像也没有做什么很过分的事情，但我也不知道我怎么就养成了在我爸妈面前很怂的习惯。

大概一、二年级的时候，我跟一个同学还有她爸妈出去玩，我要给另一个同学带礼物，身上又没带钱，就跟那个阿姨借了一点。买完之后，我一路上就开始担心啊，回去会不会被他们说。

长大之后，有一次我妈跟我说起这件事，说那个同学的家长后来就跟我妈反映说："为什么你家孩子这么怕你们？"

- 5 -

陈瑜　你内心里知道爸爸妈妈是爱你的，但是他们的情绪阴晴不定，让你不安、恐惧、担心？

语喧　嗯。最近情绪不太好的时候，我听了一本书，叫《人生只有一件事》。哇，那个作者真的是我的人生导师，他讲得太对了："人生只有一件事，就是活好。"他还说："在一个困局里面，必须有一个人先做出改变，困局才有改变的希望。"我们家低谷期的时候，我妈去学了催眠，先做出了改变。当时我们整个家的氛围都不行，他们的情绪影响到我，我的情绪影响到他们，然后搅来搅去搅成一团乱麻。

初二下学期，我在家休学了一两个月。在这之前，我一直成绩都还比较好，但疫情防控期间，摸鱼①摸多了，划水划多了，然后一回去，我突然发现我变得很差。再加上原来我同桌成绩比我差很多，但是他上网课努力了，有抓好这个时间，对比之下搞得我压力更大了。

一到晚上，我状态就不行，作业写不下去，就开始休学了。当时家里头，哇，吵架呀，这样那样呀。我妈就想要做出改变，就去学了催眠。

陈瑜 她学完了催眠之后，对家里有帮助吗？

语喧 有，说实话是有帮助的。我妈有一段时间极度自信，做自己，找到自己喜爱的东西，过自己喜欢的生活。真的，家长只要做好自己，孩子就会跟着去做，都不需要去教导孩子，孩子自己就能做好。

当她做好自己的时候，我感觉我的状态也是很好的。中考前一段时间，同学们都说："你心态怎么那么好！"

可是中考的时候，我爸妈又开始焦虑，搞来搞去。特别是我爸，焦虑还不自知，经常给我施加压力，搞得我又很难受。

这段时间，我们家没有人改变，一切都回到原样了。我尝试往更好的道路走，想让我们家往更好的方向走，走着走着，突然间往荆棘更多的方向又拐了一下。

---

① 网络用语，此处指偷懒。——编者注

我真的很难改变我爸妈，我爸的那些思维模式、那种不安全感已经根深蒂固了，然后我妈呢，学那个催眠可能还没有学精吧。他们都是成年人，成年人要做出改变，比我们这些青春期的孩子可能要更难一些。

我就想改变自己，让我们家不要老是处在一个困局里面，可是我又不知道怎么去改变自己。我发现我确实是一个很容易"丧"的人，当我爸妈影响了我的情绪之后，我就会十分颓废。我应对颓废的方式就是睡觉，从而逃避一些事情。

我想改变，但是我又找不到方向、找不到起点。

陈瑜　他们的情绪让你变得不安和颓废，会进而影响你的成绩吗？

语喧　会。我现在就很害怕我高中会受到情绪的影响。暑假里，我学了物理和化学。我的天，那个难度！搞得我现在对高中感到焦虑。

陈瑜　你有没有跟他们说过，比如跟爸爸说"你把脸拉下来或者你几天不说话，我会非常难过，很伤心"，你有在这个层面跟他沟通过吗？

语喧　沟通过。后来我写过一篇作文，写跟我爸争吵的事，算是在向我爸讨要一个"对不起"吧，我都已经道歉了，但是他没有道歉。给我爸看了之后，也没有下文。

陈瑜　这让你失望吗？

语喧　说实话，当时很失望，后面也有再尝试去表达过，慢慢地，我就习惯了。包括很多次，我妈和我一起受到伤害之后，我们俩就互相安慰说，要体谅我爸。

有一次，我心情极度不好。他硬要我跟我姑姑对话，拿手机怼到我面前，我当时就不太舒服，随便应付了几句，急着去跑步了。我爸极度生气，砸了我的手机。我回去的时候，我的手机就冒烟了，它就没了。

我之后还跟他戏谑一下这个事："你不感到抱歉吗？"他说："我为什么要感到抱歉？"他就是这么一个反应。

- 6 -

陈瑜 很多孩子会抱怨爸爸妈妈这个不好、那个不好，但你能观察局势，自我学习，看到爸爸妈妈各自的难处。

我真的很少听到一个十几岁的孩子说"现在家走到这里了，我该怎么做可以去修复家庭成员的关系""当父母不能改变的时候，我该如何改变"。有这样"觉悟"的小孩很少。

语喧 因为确实现实状况就是这样子的。

陈瑜 以旁观者的角度来看，你是能够体会到爸爸妈妈对你的爱的，但爸爸妈妈，尤其是爸爸，的确在情绪管理方面有些欠缺，虽然是成年人，但是表达的方式不是特别的成熟。

语喧 是。

陈瑜 这是他个人成长的课题。但个人成长的前提，是他要意识到这是个问题，并有改变的意愿。如果短期内这个前提不存在，那我们应该怎么做呢？我们可以学习，切割他的情绪对你的影响。

语喧 我觉得我应该开始去切割一下，减少一下我爸妈的情绪对我的影响。

陈瑜 你高中是走读还是住宿？

语喧 住宿。

陈瑜 这未尝不是一件好事情哦，对你来说。

语喧 是！是！我初三的时候，因为语文补课的事情，被我爸压得真的不行，我就去找了我们学校的语文老师求助。语文老师当时就说我爸很强势，然后说："没事，说难听一点，也就这么几个月，之后你就要上高中了。"

陈瑜 父母控制欲比较强的话，物理空间上有些距离，他们至少没法指手画脚到很细的程度，也有利于孩子的"自我"长出来，不会时时刻刻受父母情绪的影响。

语喧 对！现在看，好像高中确实是一个比较好的机遇了，算是让我们家换一条路走一走，是一个转折吧。

陈瑜 每周回去，跟爸爸妈妈多分享你在学校里的收获和趣闻。收获就是你学到什么，趣闻就是告诉他们学校里发生的一些好玩的事，让爸爸妈妈感觉女儿在学校适应得不错，没什么特别需要操心的。

语喧 嗯，这个方法好，这个方法太好了！

陈瑜 有一点特别重要，一个孩子要读好书，有一个大前提，就是要有非常好的心境，不要波涛汹涌，坐在课堂里还想着昨天跟妈妈吵架、跟爸爸不开心，这样学不好。

语喧 哇，说得太对了！说得太对了！老师，我要给你鼓掌！

陈瑜　哈哈哈哈，你太可爱了。

现在听下来，你爸妈是影响你心境的重要因素，你可能无法改变他们，但你可以试着安抚好他们，和他们保持一个让你舒服的距离，尽量避免在处理和爸爸妈妈的关系上消耗掉你太多的能量。

语喧　嗯。

陈瑜　当然，高中生活也可能会碰到一些困难和麻烦，你评估和测试一下，如果告诉父母，是会得到他们有力的支持和帮助，还是会引发他们的焦虑，让你更加不堪重负。

我也特别建议你在学校有难处的话，找一两个值得信赖的老师，班主任、心理老师或者你喜欢的学科老师，跟他们倾诉和讨教。

语喧　好。

陈瑜　好朋友也是支持系统，在高中，能够有几个可以分享心事的同学，也很重要。

虽然你说自己很敏感，在父母面前很怂，但我感觉你挺直爽的，非常有趣，而且你很真实。这些交朋友最重要的品质，你都有。

语喧　谢谢。

陈瑜　开学后，跟所有人笑脸相迎，看到谁都笑呵呵的，这是你的第一张名片，让别人感觉你是一个很容易打交道的人，你的姿态是很敞开的。

语喧　嗯。

陈瑜　即便运气不好，分到的室友不是那么谈得来，也不用特别拘泥，未来还会有其他的途径可以结交到朋友。你就保持自己那种很真实、很有趣的状态。

其实，孩子到了中学，爸爸妈妈本来就该退居二线了。让自己从家庭的旋涡里抽身出来，开启全新的高中生活吧。

语喧 我感觉现在我挺开心的。很感谢你，你给我的建议都好有建设性。谢谢老师，谢谢老师！

陈瑜 照顾好自己，祝福你！

陈默老师

点评分析

当一个孩子在一个非常糟糕的心理环境中，实际上他需要消耗很多能量。

我们看到现在有很多家庭，确确实实家人之间没法建立良好的沟通机制，大家总是把自己的不良情绪毫不掩饰地释放给家人，互相传递，互相伤害，形成不良情绪的循环。他们家庭成员之间是相爱的，并没有互相排斥，也没有积累的冤仇，但是他们不知道为何，总是要把对方弄得不开心，左也是个不开心，右也是个不开心。

像语喧，她是一个聪明的孩子，理解力比较强，她还会在自己身上找原因，当她觉得父母难以改变的时候，她还试图去改变自己。这种孩子实际上已经是百里挑一了，但父母当然是不会意识到的。

幼稚的父母，最主要反映在他们喜怒无常，不能控制情绪，更不能体谅孩子的情绪。你看语喧的父母，说的话多么不为自己的孩子着想、多么没有大人的角色感。

那么该怎么办呢？父母要意识到自己的情绪对孩子会产生的不利影响，会真正影响孩子的学习。深刻认识到这一点，才能有真正的改变。

有些父母会意识到这一点，他们想各种各样的办法，试图去改变自己，但是可能改变过程比较痛苦，难度也比较高，有时候走了两步，便退回来了。

如果孩子能够在家里把日子"混"过去，混到大学毕业，工作以后搬出去，有了自己的生活，便可以有所成长。如果不能顺利地按部就班地成长发展，那么这个孩子有可能就会停顿下来，出现各种各样的情绪问题、行为问题，严重的就会妨碍正常的人生发展。

有时候，一个家庭，也没什么天翻地覆、特别严重的事情，但是就是这种情绪问题、沟通问题，使得在里面的每个成员日子都很难过。

所以在家庭教育中，要有对父母情绪调整的教育，教人如何改善自己的情绪，如何成长为一个情绪成熟的人。这个成熟与学历没有关系，与赚多少钱没有关系，与社会地位也没有关系，这个成熟跟情绪控制有关系。父母越成熟，孩子越安定；父母越成熟，孩子内心越愉快。要想自己孩子发展得好，父母就要让自己一步一步成长为成熟的人。

一旦有了孩子，就不要停止成长的脚步。如果我们因为生了一个孩子，变得越来越成熟了，这也不枉我们做一次父母。否则孩子倒是成熟了，长大了，从窝里飞出去了，大人老去了，却一点都没有变化。等到这个孩子成年以后，回到家看看老去的父母依然是那么幼稚，心底会有一种讲不出来的伤感和不适。

所以父母要花费一定的时间和精力，去处理好自己从小积累下来的问题，然后让自己成长得更好——这是父母的任务。

No.

08

"我从三楼跳下来,
被路人接到,我妈却说……"

NG／女／六年级／福建

概况：自述抑郁症，自残，曾实施过轻生行为。
成绩下滑，父母态度突变，压力之下痛苦不堪。

六年级的 NG 先是添加了少年大不同小助手的微信，留言说："我不知道自己怎么了，喜欢自残。

内心敏感，脾气不好又失眠，明明开心却想哭，晚上会崩溃。

有一天和妈妈吵得很厉害，从三楼跳下去没死，就流了些血。

那天，我坐在床上，心脏在猛跳，胸口的疼痛使我无助，我想呐喊，我想诉苦！

我轻拉衣袖，将伤口藏了起来，没有人知道，甚至我向爸爸要创可贴、睡觉露出了手腕上的创可贴时，也没人问我怎么了。

每时每刻创口都会传来疼痛，只要心脏跳一下，它就会疼一下。

……"

小助手晚些才读到，回复时，NG 已经把他删除了。他怕孩子出事，赶紧又去添加她。

她叙述自己跳楼的过程，语气出奇地平静。单从孩子的视角，NG 想不明白为何她的成绩下降后，父母对她的态度会发生 180 度的转向，甚至会在她绝望地从窗台跳下去摔伤后，说出那样的话……

- 1 -

陈瑜　学习压力大吗？

NG　整体来说，压力是挺大的。

　　每次考完之后，那些家长都会到处说自己孩子考多少、考得怎么样。我妈妈回来说，我考了这点成绩，她都不敢说。

陈瑜　你在班级里，成绩排什么位置？

NG　一到三年级还算很好的，每次都是班级前 10 名，后面就开始下降，但没有降到班级后 10 名。

陈瑜　为什么成绩掉下来了呢？

NG　我妈说，就是因为疫情期间给我手机上网课，我上完网课、写完作业，就在那打游戏。

陈瑜　在你看来，是这个原因吗？

NG　我觉得也不完全是这个原因，现在课程越来越多，就容易赶不上。我语文很好，但数学是不及格的。

陈瑜　爸爸妈妈对你现在的成绩是什么反应?

NG　我考多少分,我爸爸是不怎么管我的,我妈也只是说两句,之后就一定要东拉西扯,说我就是手机看多了、游戏打多了、没有用的书看多了。

陈瑜　你一天打多长时间游戏呢?

NG　假期时,一天加起来快5小时;上学的话,晚上9、10点钟睡觉前打一两把,也就二三十分钟。

陈瑜　你觉得算多吗?

NG　我觉得不算多。
　　因为我比较喜欢打游戏,我爸妈就觉得我每天宅在家里会自闭,每次都让我出去。然后我出去,晚上了才回来,他们又说我整天都跑出去。

陈瑜　你觉得自己为什么喜欢打游戏?有一些人喜欢打游戏,是喜欢游戏本身;有的是因为想拖时间,觉得作业很烦;也有一些人是因为身边没有什么好朋友,在游戏里会认识一些人;还有的人埋在游戏里是为了回避和父母的交流……你呢?你打游戏是什么原因?

NG　游戏可以帮我分散注意力,不会让我一直去想起那些话,就是跟他们争吵的那些话。
　　其实我本来也没有打多少游戏的,我在看电子书,他们就以为我在打游戏。

陈瑜　他们希望你把所有的时间花在学习上,这是你们比较大的矛盾?

NG　嗯。

- 2 -

陈瑜 为什么会自残?

NG 因为有一段时间跟我妈妈一直吵,每天都要吵一次。然后渐渐地看着她没什么感觉的样子,我就觉得挺难受的。

陈瑜 什么时候会让你觉得非常受不了?

NG 我每次跟他们吵架的时候,要是吵得特别厉害的话,我就会自残。

陈瑜 什么叫"吵得特别厉害"呢?

NG 就是她说、我顶回去的那一种,然后就一直吵。

陈瑜 你们天天吵的内容,都是围绕刚才我们聊的那些事情吗?

NG 基本上都是这些内容。

陈瑜 你怎么去反驳他们?

NG 我也反驳不了,我反驳的话,他们说我这是顶嘴。

陈瑜 你会说什么?

NG 我就渐渐不想跟他们说话了。

- 3 -

陈瑜 你跟我同事说,有一次你从三楼跳下去,那是什么情况?

NG 那时候吵得特别厉害。

我的房间在三楼,我坐在窗户那边,下面有一些路人,能看到我。我跳下去的时候，有一个路人接着我，然后我们两个一起摔倒了。

陈瑜 那也是在五年级吗？

NG 五年级。

陈瑜 那天为什么会吵到这个程度？

NG 那时候，我以为我妈去睡了，我想玩一下手机，因为我失眠。结果我妈没有睡，10点多突然进来，就又骂我说大晚上不睡觉，又要玩手机，然后就在那里吵吵吵，吵得特别厉害。我就不想理她了，把她赶出去，就把门给锁了。

然后我就越想越难受，我就……跳下去了。

陈瑜 不害怕吗？

NG 我也很害怕的，但是那时候是真的很难受。

陈瑜 是一时冲动吗？

NG 我觉得应该是一时冲动。

陈瑜 回过头来想，你觉得有没有其他的处理方式？

NG 我不知道有什么处理方式。

陈瑜 路人看到你坐在窗台上的时候，有劝你吗？

NG 路人在下面喊，说"你要干吗"，我没有回他，他就认为我要跳下去。

陈瑜 后来你们俩受伤了吗？

NG 我就流了一点血，他也是，不严重。

陈瑜 因为他接到你了，所以就还好，是吧？

NG 嗯。

陈瑜　后来你爸爸妈妈看到你做出这样的行为,他们是什么反应?

NG　我爸爸不在,我妈也还是骂我。

陈瑜　骂你什么?

NG　骂我跳楼没死。

陈瑜　啊……你是什么感受?

NG　就感觉特别难受。

陈瑜　有没有哭?

NG　有,我就把血擦一擦。因为是脚流血了嘛,走路比较困难,我就被路人扶到房间里面了。

陈瑜　是路人扶你?妈妈呢?

NG　妈妈就说我怎么不去死,我跳下去怎么没死!

陈瑜　你觉得妈妈紧张吗?她那个时候是什么样的情绪?

NG　我没有多看她,因为我不想看她。

陈瑜　路人有说什么吗?

NG　我也不知道他说了什么,因为那时候摔下去流血了,整个人都很疼。

第二天,那个路人买来了一点纱布什么的,帮我包了一下。

陈瑜　妈妈没有帮你包扎伤口?

NG　没有,因为她也要上班。

陈瑜　这个事情之后,你和妈妈的关系有改变吗?

NG　没有,还是一样的。

- 4 -

陈瑜 你刚才说你失眠，失眠是从什么时候开始的？

NG 五年级就开始一直睡不着觉。

陈瑜 睡不着是指入睡比较慢，还是会整夜整夜睡不着？

NG 有时候是睡不着，有时候是特别晚才睡着，天亮了才睡着。

陈瑜 有去看过医生吗？

NG 我没有去看。我不知道，所以我想来问问你。

陈瑜 我的同事看你朋友圈，说你在吃很多的药。那些药是干吗用的？

NG 我们家楼下有个人是医生，我叫他帮我买一点。

陈瑜 买了一点什么方面的药？

NG 不是安眠药，现在也没有人敢卖。

陈瑜 这些药是治疗什么的呢？

NG 抑郁。

陈瑜 但是你没有去看过病，就这么吃药，会不会出一些状况？

NG 唉，我也不知道。

陈瑜 药吃下去，感觉怎么样？

NG 也没什么感觉。

- 5 -

陈瑜 对你来说，现在在学习和生活方面，最大的困难是什么？

NG　就是学习上成绩太差,还有爸爸妈妈一直吵。

陈瑜　对于你的学习,爸爸妈妈除了说你,有提供过什么帮助吗?

NG　没有。

陈瑜　可以去找一些补课老师吗?

NG　我不会去找补课老师,因为补课老师也就只是补课,前提是我得愿意学。我要是不愿意学的话,补课应该没有什么用。

陈瑜　为什么不愿意学?

NG　因为家长只看成绩。

陈瑜　你现在坐在教室里,能聚精会神地听老师上课吗?

NG　我能听进去一点,但是一不留神的话,就感觉会的题马上又变成不会的了。

陈瑜　我们来梳理一下。新冠肺炎疫情之前,各方面还好,新冠肺炎疫情开始后,成绩下来了。可能当时你需要一些帮助,但爸爸妈妈对你的指责比较多,让你觉得很烦心,所以你就会去对抗。对抗之后,你们就进入一种冲突不断升级的模式,演变到现在,心结就越来越难解开,是这个感觉吗?

NG　嗯。

陈瑜　回想下,你三年级之前成绩比较好的时候,跟爸爸妈妈的关系怎么样?

NG　那时候他们对我很好,然后我就不知道,为什么后面就变成这样子。

陈瑜　你觉得就是因为成绩下降吗?

NG　我不知道。

陈瑜　如果你减少使用手机的时间和打游戏的时间，这样就会减少和父母的冲突，这个选项你会乐意去选吗？

NG　不会。

陈瑜　为什么呢？

NG　我觉得选不选都是一样，我少打一些游戏的话，我跟他们其实也没有什么话好说，也没有什么互动，也不会改变。

陈瑜　小时候和他们俩话多吗？

NG　我以前跟我妈话很多，跟我爸话很少。

陈瑜　现在有没有争吵之外的方式跟爸爸妈妈沟通，说你的一些想法和你碰到的一些困难？

NG　没有。

陈瑜　你们家要么就是不沟通，要么就是争吵，是吗？

NG　嗯。

陈瑜　现在妈妈再来骂你的话，你还是用以前的模式跟她去吵？

NG　我不想理。如果她想好好跟我说话，我也会好好跟她说话。

陈瑜　你们学校老师知道你跳楼和自残的事情吗？

NG　不知道。

陈瑜　你手上的伤，他们看不到吗？

NG　嗯。

陈瑜　如果去找一下班主任或者你信赖的老师，跟他们聊一下你的情况，通过老师去跟你爸爸妈妈沟通，会有帮助吗？

NG　我们老师也有跟我妈妈说过，我妈妈觉得是小孩子叛逆期到了。

陈瑜　你对于这个说法怎么看？

NG　不是这样子的，我觉得这不是原因。他们从我四年级的时候就开始说我进入了叛逆期，我觉得叛逆期不会一叛逆就是三年吧。

陈瑜　那你觉得你目前的状态是什么？

NG　目前的状态……我不知道怎么讲。

陈瑜　如果爸爸妈妈能够心平气和地听你说，你会跟他们说什么？

NG　我不想跟他们说什么。

陈瑜　如果说一些什么，能够引发他们改变的话，你会说什么？

NG　我不知道。

陈瑜　你觉得他们有改变的可能吗？

NG　我希望可以吧。

陈瑜　你希望他们有什么样的改变？

NG　我希望他们能跟我好好讲话。

陈瑜　你的"好好讲话"是什么标准？

NG　就是说话的话，不要说一会儿就突然吵起来……

陈 默 老 师
———————

点评分析

　　NG 这么小,只是一个小学生,怎么会有这种冲动?!

　　因为学习成绩的问题,父母就会做出这么大的反应,那就是说,NG 的父母已经把孩子的学习成绩放到怎样重要的位置,孩子的一切都没有学习成绩重要!孩子过得开心不开心、内心里是什么感觉、是不是学习上有困难等等问题,大人都可以不过问,但是成绩是要过问的。如果成绩不理想,那么大人就有足够的理由对孩子板起脸,也就是说一个成绩不好的孩子,是不配跟家长搞好亲子关系的,一个成绩不好的孩子是不配大人来宝贝她的!

　　大人怎么会做到这种程度呢?!这是你的孩子呀,不管学习成绩好还是差,她都是你的孩子呀!孩子学习成绩差,跳了楼,家长还要说一句"你怎么没跳死"。这里面所反映出来的问题,就是做父母最基本的保护孩子的功能好像丧失了,只剩下监督孩子读书的功能。

如果这个孩子是一个初三、高三的学生，父母很焦虑，跟孩子在学习成绩上起冲突，那可能是因为孩子要面临中考、高考。但这个孩子只不过是一个小学生，怎么家长会在学习成绩上跟孩子产生这么大的冲突呢？！

如果父母很在乎、很重视孩子的学习成绩，那么就要搞清楚影响孩子学习的相关因素，要对教学有研究。

比如这个孩子语文读得蛮好，她是认知能力比别人强呢，还是感情比较充沛，或是语言能力本身比较强？她为什么数学读得差？她是心神不定，还是哪一段基础没学好，或是她根本没有数学思维？……你如果回答不出，你凭什么对孩子的学习有这样严苛的要求？你的要求合理吗？

NG 的故事一点都没反映出来她父母曾经与她进行学习上的探讨，她父母只是跟她说"你不要玩手机了"。这个孩子有过自残、跳楼的举动，父母好像也没有很重视，他们对分数比对孩子本身更重视，这让人很吃惊！

一个小学生刚刚开始读书没几年，她实际上还是处在学习如何学习的阶段，大人应该帮助她学会学习。NG 的讲述中反映出来，她父母要给她请补课老师，她说不要请。在孩子不能学的情况下，请补课老师有什么用？不能学跟她的情绪有很大关系，父母要想办法去改善孩子的情绪问题，情绪被改善了、稳定了，这个孩子心静得下来了，再来跟她谈是不是需要补课，请什么样的老师，是提优还是补差，这个孩子的成绩才有机会得到提高。

一味给孩子脸色看，一味做出排斥孩子的腔调，"你成绩不好，我们看到你就觉得讨厌"，这会让孩子觉得：我成绩不好了，父母会跟我拉开距离；我成绩不好了，父母会疏远我；我成绩不好了，我父母会不宝贝我了……当一个孩子对父母对她的爱产生疑虑、不再能够确定时，她的所有情绪、行为都会出问题。

如果父母希望孩子读好书，首先要做到让孩子确信：不管你能不能读好书，你都是我们家的孩子，我们都宝贝你。有了这个信念以后，孩子会一点点开始进步。我们可以帮助孩子调整学习战略，把他的长板提到最高，对他的短板进行加固，不使短板越变越差，这才是家长要做的事情啊！

现在我们从这个案例中看不到家长在行动上帮助孩子改善和解决学习问题，只看到孩子成绩不够好了，家长就开始冷落自己的孩子、疏远自己的孩子，让孩子从心底觉得，成绩不好就应该受这种待遇。那么你想，这个孩子以后对学习会留下什么印象？长大后回忆起来小时候因为学习成绩不好，父母是怎样对待自己的，她会伤心一辈子的。

所以家长一定要意识到，你爱孩子，是爱他的全部，你是无条件接纳他的，这才是父母在孩子面前应该表达的。

No.

09

"10岁起读了10年国学，
我不能再骗自己了……"

天歌／男／十年国学生／新疆

概况：抑郁倾向，曾有轻生的念头。

从小被父母送到读经学堂学习国学，10年间，有无助、有迷失、有彷徨，而今希望重新找到自己。

天歌从10岁开始就在读经学堂上学，他是我采访的学生里第一个接受国学教育长大的孩子。

那个系统相对封闭，基本与外部世界隔绝。埋头苦读10年后，天歌发觉自己站在了人生的十字路口——没有文凭，没有技能，甚至跟同龄人没有共同语言，他对踏入社会充满了忧虑和恐惧。

他打算去当外卖小哥或超市小工，同时准备自学考试，他说虽然现阶段对读经教育有不少负面的感受，但他还有情怀。

隔着手机，我依然能清晰地听到他那头院落里的狗吠声，衬着夜色，寂寥而响亮……

- 1 -

陈瑜　当时家里出于什么样的考虑送你去读国学？

天歌　我爸妈在我一年级的时候离婚了，我跟着妈妈回了新疆。二年级之前，我学习成绩还可以，但转回老家之后，成绩不好了。

当时学校风气也不是很好，我四年级的时候，已经沾染很多不好的习气，比如说脏话之类的。

妈妈看到我从小对新事物吸收得很快、模仿得很快，坏的也是一样学，是非不分，她甚至可以预想到我将来上初中、上高中是个什么样子，就觉得在原来的体系中没办法走下去了，所以看到读经教育就感觉看到了一线希望，当时就把我送到了湖南这里的读经学堂来读书。

陈瑜　回了老家，成绩为什么会下降？

天歌　一部分原因是父母离异。那时候我妈妈一个人带我，也是处于精神崩溃的一个时期，对我的教育可能也很情绪化。

再一个原因是，刚好那时候我开始调皮，受的批评比较多，所以慢慢就养成比较孤僻的性格。

我三年级的时候，妈妈重新组建了一个家庭，因为一个女人带小孩很不容易，当时的生活已经很困难了。我其实也挺体谅妈妈的，她主要是考虑我，觉得我缺失父爱，所以就直接跟我说"想再（给你）找一个爸爸"，我很支持她。她是最爱我的，一切其实都是为了我。

我现在这个爸爸确实也很好，他其实是一直都不想要自己的小孩的，说有我一个就足够了，此外也有经济方面的原因。他给我的爱属于默默无闻、老老实实、背后付出的那种。我感觉自己很幸运。

但是随着爸爸年龄越来越大，我妈感觉挺对不住他的，就想再给我现在的爸爸生一个。我 17 岁时，我妈生了我弟弟。

陈瑜　爸爸妈妈离异对你造成了什么影响？

天歌　挺微妙的，最直接、最大的影响，我觉得是性格上的。

虽然亲生爸爸也没陪我多少，但是至少原来有父亲的那种感觉在。青春期的烦恼和困惑，男孩可能会问爸爸多一些，跟妈妈可能说不出口。我觉得父亲对男孩子的教育和引导作用是很大的，哪怕爸爸不说话，就站在那里，对于男孩都是一个很大的榜样和精神上的支持。但是在我的成长经历中，爸爸是一个空缺。

陈瑜　你很渴望？

天歌　对，我确实很渴望，从小就是。现在的父亲对我也很好，但是不知道为什么，讲实话还是觉得代替不了原来的那种感觉。有些话我说不出口，和他没有内心的交流，好像也不太愿意主动去跟他交流。

陈瑜　跟现在的爸爸没法开口，跟妈妈不方便交流，你怎么解决自己的困惑呢？

天歌　我成长以来的困惑，包括烦恼，其实大部分都是淤堵在心里的。因为我从小到大在读经教育里面，环境比较封闭，同学比较少，有时候关系也不是那么的好。

我到外面上学，回到家里没有什么朋友，就基本上属于孤身一人了，没有可以倾诉的地方。

- 2 -

陈瑜 对于去读经学堂上学这个安排，当时你是什么感受？

天歌 我觉得挺好。大部分读经的小孩刚开始基本上都觉得很好，很愿意过来，因为家长都会说这里没有作业，不用晚上学习到很晚。

陈瑜 那时岁数那么小，离家那么远，害怕吗？

天歌 不害怕。

本来我很敏锐、很活泼，但不知道什么原因，好像我父母离异之后，我慢慢地把自己的心门给封闭了，对于外界的感受和情感就变得麻木了。

人家一年不回去，都想家哭得要死，我就没心没肺的，也不想家。

陈瑜 我有一点不太明白，刚才你说妈妈很爱你，你也能感受到她的爱，那为什么会变得麻木呢？

天歌 就是我能感受到妈妈对我的爱，但是我的心没有打开，不太能去回馈她对我的爱。

我觉得这个有多方面的原因，包括我妈情绪最不好的那段时间，打我、批评我，那时候可能有点过头了，我觉得心里也有点受伤。

陈瑜　所以把自己包裹起来，可能感觉更安全一点？

天歌　对，而且是不知不觉地。

　　　总体来讲，成长过程中还是需要广泛地和同龄人接触，但是可能在这一方面我一直都比较少。

　　　另外，我们不同于普通教育体系中的孩子，通常一年就回家一次，在放寒假的时候，所以事实上从小到大和父母的交流、内心的沟通是很少的。

陈瑜　是不是有很深的孤独感？

天歌　有时候会这样。

陈瑜　你说青春期有烦恼和困惑，最大的烦恼、最大的困惑是什么？

天歌　最大的困惑一直以来都来自我的内心，觉得自己的性格不太像男孩子，对于我的性格，我是很不自信的。

　　　另外一方面，就是在青春期阶段，我觉得那时候要接触外界，眼界要放开，但是我的学习环境又是封闭的。不是说封闭不好，而是老师家长的引导、沟通和体察孩子内心程度不够的话，慢慢就会导致各种各样的问题。

　　　经过几年时间，我回家都有点失控的感觉，不敢跟长辈说话，不敢跟外人说话，甚至跟外界沟通都有问题了。

陈瑜　说说你读经的学习经历。

天歌　我 10 岁到 12 岁在湖南的一所学堂上学，然后我的老师去了浙江的一所学堂，我就跟着老师去了浙江。我在浙江读书、生活了三年，又跟着老师回到湖南，五年以来一直在一个家塾里读书。今年5月，又跟着老师回到了最开始读书的学堂。我读经是跟着老师走，这个老师是我行过拜师礼的，就是磕头认过的老师，父母也一直很信任他。我所有的教育出路都是这位老师给我的建议，我内心来讲是非常信任这位老师的。

到浙江时，我十二三岁，处于身心发生大转变的时期。我刚好转到一个班，二十几个人，男女同班，小的10岁，大的19、20岁。我们都是住宿的，班风也不好，有人欺负同学，谈恋爱，反正乱七八糟的。

一般读经的学生，来自全国各地。要么就是家长很有实力，有很高的追求，孩子很优秀，并且有这方面的志向；要么就是在体制内的学校待不下去了，学习比较差，人品也比较差，家长看不到希望，才抓住这根救命稻草。加之学校管理不力，所以才会出现一些校风比较混乱的情况。

那一年，我被大的同学欺负，留下了很深的伤痕。

陈瑜　他们怎么欺负你？

天歌　我觉得言语的伤害比肢体上的伤害还要伤人。同学们都因为一些小事就互相取外号，感觉我比较"娘"，然后就叫我"女人"。

我自尊心比较强，但是遇到这种情况，也没有办法，只好任由他们整。在全校，不管到哪里，他们从来不叫我名字，而是这样叫了整整半年。

陈瑜　大家这么叫你，你是什么感受？

天歌　感觉像被千刀万剐，真的是这样。对于男孩子来说，我觉得这是一个很大的耻辱。

陈瑜　你有反抗过吗？

天歌　我有怒气，很想干一架或者怎么样，但是我自尊心很强，很要面子，怕在女生面前出丑，所以我一直都忍着。但是如果到忍不住的时候，我都不知道可能会做出什么出格的事情。

陈瑜　最痛苦的时候是什么样的？

天歌　最痛苦的时候就不想待在那个学校了。心里的那种煎熬无法言喻……我从小到大从来没有恨过谁，从来也不知道"恨"的滋味，但是那件事情过后，我就感受到恨人的那种滋味了。

陈瑜　有跟妈妈说吗，说这个学校我不想待了？

天歌　从小到大对自己成长的这些问题，我一直都不是很想跟父母说，不会去找别人倾诉；我觉得自己遇到这些问题很羞耻，感觉跟父母说的话很丢脸，所以我轻易都不说，一直憋到自己承受不了的时候，才去跟妈妈讲。

而且学校里不准使用电子产品，只能一个月给家里写一次信、打一次电话，基本是这样的。所以在那个阶段，感觉自己都有点心理问题了。

半年之后，实在受不了了，才跟我妈妈讲同学们怎么对待我，说我不想待了。

陈瑜　妈妈当时说什么？

天歌　妈妈也是心如刀绞、痛到失语、说不出来话的那种。后来妈妈就找到学校，要求男女分班，要求对于不好的学生进行劝退。

陈瑜　当时受同学欺负，有去跟老师说吗？

天歌　没有。

陈瑜　为什么？既然你很信任他。

天歌　当时跟谁都没有说，我觉得这是一件非常耻辱的事情，跟老师也开不了这个口。

陈瑜　你觉得寻求别人帮助这件事情本身就很耻辱？

天歌　我可能是接受不了自己的弱点，这些受伤的地方，不愿意让别人知道。

陈瑜　很小的时候，当你有困难寻求别人帮助时，有没有什么不太好的体验？或者有什么经历让你觉得其实他们帮不到你？

天歌　我确实不记得了。性格使然，自己内心敞不开，不够自信。

- 4 -

陈瑜　我对国学学堂不是特别了解，你平常的一天是如何安排的？

天歌　各个学堂不尽相同。大致来讲，早上 5:30 起床，上早课，就是运动，跑步之类；上午两节课，最宝贵的时间用来读经；下午两节课，一节体育课，另外一节是看书，这个看书就比较广泛了，也许是古典小说，也许是历史；到了晚上，看书、自习、写毛笔字之类的。

我们一节课平均的时间是一个半小时到两个小时。

陈瑜 你们除了读经，还学其他的学科吗？

天歌 十年之中几乎没有。

陈瑜 平时也不能使用电子产品吧？

天歌 在学堂不可能让你用，自己是不可能持有电子产品的。当然，学堂会播放电影、纪录片。

陈瑜 你觉得学堂的孩子会不会和外部的世界有所脱节？

天歌 会！读经之外的一些国学教育系统，有的是那种精英式的培训，就很全面，不存在与社会脱轨的问题。但是在普通的学堂或家塾、私塾读书，学生未来的出路就比较窄。在孩子十五六岁就要给他想好出路、做好规划，如果拖到十八九岁、二十岁，基本上想要再跟社会接轨就比较被动困难了。

陈瑜 具体来说有一些什么困难？

天歌 比如说最简单直接的，与他人相处共同话题比较少。我从小接受的教育观念、所在的教育环境很特殊，别人有时候看我们就会觉得有点奇怪或者有点不可思议。

像大多数同龄人几乎都在聊游戏，但是有些读经的孩子，聊得更多的就是一些平常读的书和对于经典历史、因果善书的思考和想法，或者是自己内部的一些共同话题。

第二，对于社会缺乏基本的了解，所以让我们出去独立工作的话，也有很大的问题。

还有就是学历和学籍的问题。比如说我四年级离开学校，没有保留学籍，我现在进入社会去工作，基本上要从社会底层开始做起。我有很多同学他们读了很多年经，最后都去打工了。

第三，我没有一技之长。虽然学了十年经典，但是不够系统、深入，让我讲解一下也不会讲；学科教育方面，我就读的这些学堂，和普通学校比不了；做人方面，用经史来涵养心性太不容易了，要有好老师带领，也需要时间的积淀。

一路寻觅下来，我连一项拿得出手的专长都没有。

陈瑜 你的同学大部分的出路是什么样的？

天歌 以我目前周围的这些同学来看，他们大部分的出路有三大类：

第一类就是到了小升初或者初升高的时候，回普通学校继续上学去了。

第二类属于富人家的孩子，家里特别有钱，他们一般就会去继承父母的事业，或者父母托关系给他们安排工作。

第三类同学，来自普通家庭甚至是比较困难的家庭，到了成年，一般就出去工作或打工。

还有一种同学比较少了，比如很优秀的那几位同学，他们通过自己的学习，考上研究生，和大学接轨。传统文化还有几个不同体系可以去的"高校"，比如说温州文礼书院和英国汉学院，可以去继续深造。

陈瑜 你希望接下来走哪条路？

天歌　我目前读经暂告一段落，现在在学英语，同时也在自考，希望将来能接轨到大学，去读一个研究生。

陈瑜　为什么选择这条路？

天歌　第一是因为选择在国学这个系统里面深造，其实是要花费很大代价的，便宜的学校一年3万多，现在大部分涨到了6到7万，最少4万，这不是一个普通家庭能够负担得起的。爸爸妈妈一直在支持我，但他们从事的行业在疫情防控期间受到了冲击，现在已经完全负担不起了。

第二，我也多多少少看到了一些问题，所以就不太想继续走这条路了。

陈瑜　你看到了什么问题？

天歌　其实从10岁开始读经算挺晚的了，有些小孩的父母甚至从怀孕开始就给他们做国学教育，一直熏陶学习到20多岁。家庭环境从小也是很封闭，没有受到所谓的"外界污染"，没有去过普通学校。

但是到了20多岁继续深造的时候，仍然面临着很大的困扰，甚至有时候身心有些不正常了。包括我自身也是，我也经历过这个阶段，对我确实影响也蛮深的，所以不想再继续这样走了。

陈瑜　你也经历过这样的一个阶段？

天歌　就是去年。长时间的封闭，不与外界接触，感觉身心都出问题了。

陈瑜　抑郁？

天歌　还不单纯是，我就觉得不能跟外界正常交流，自卑、不自信等等，所有东西全部浮现。

常年在学堂、在私塾生活，不像普通学校，我跟你讲一讲你就明白了。就是人总要有一些私人空间的，您能想象5年、8年、10年，我除了回家，在学堂里是没有私人空间、没有独处空间的吗？在一套200平方米的房子里，有十几个学生、两名老师，大家每天都在房子里生活、学习。

在这种密闭空间，一旦有摩擦，负能量是很耗人的。你要跟某个同学发生矛盾了，躲都躲不过，这些问题自己必须解决，或者妥协。

所以通过8年、10年的沉淀，一点小问题最后都会成为一个大问题。可能去年就是一个爆发期，我有了轻生的念头。

陈瑜 怎么走出来的？

天歌 后来还是亲情的力量。我姥爷在我状态处于低谷的时候，说我这样子全家人都担心，最后慢慢把我托起来……但是问题还是在那里，只不过是被压下去了。

- 5 -

陈瑜 这10年在读经学校，总体而言，你是一个什么状态？

天歌 五味杂陈，打翻了五味瓶说不上味道。现在来说，其实我是不快乐的，甚至是迷茫、困惑、痛苦的，因为我现在正经历一个抉择：继续学业还是边工作边学习。

当我做这个选择的时候，才发现现在我很被动。我们从小被灌输读经多么好，自己多么有希望，是时代之栋梁，文化之担当。加之老师常夸奖，感觉自己还不错、还挺有能力的。而且我们从小都是很看不起普通教育的，觉得里面没有人才。结果到了这个岁数，从之前封闭的环境里走出来才发现，许多同龄人比我优秀得多，很多人至少身心是正常的，我反而身心都不健康了。

这对我从小的憧憬和情怀、对我的价值观，实际上是一个很大的打击。家里付出了这么大代价，我也不可谓不努力，但是没想到最终……至少阶段性成果不是我想要的。

陈瑜　10年蛮长的，中途想过脱离这个轨道吗？

天歌　之前也有过痛苦和迷茫，断断续续地。但到了18岁之后，最近一两年可能是个高峰期。面对现实，感觉很困难、很迷茫。

陈瑜　如果家里没有经济上的压力，你会在读经这条路上走多远？

天歌　我觉得我会继续学习很多年，但是在这种封闭的环境下，不是真正的国学学习，学习的同时需要社会实践，需要摸爬滚打。最终来说，我认为国学是一个人一辈子的实践、"死而后已"的追求。

我到18岁的时候，觉得身心有点不对劲。即使我可以继续在学堂读下去，即使还做着梦，继续麻痹自己逃避现实，可真正的自我意识开始萌芽了。就算再过两三年，我觉得我也待不下去的，因为我越来越清楚自己内心是何种状态，不能骗自己了。

陈瑜　怎么评价这 10 年？

天歌　我现在没法评价，我很不确定，因为我现在说的可能大部分是一些负面的信息。

目前阶段是有这样那样的问题，但是在一些根本的问题上，国学教育还是给了很正确、扎实的引领。比如说最根本的做人做事的理念、人生观、价值观、世界观，这些是指引人生大方向的，我觉得应该是不会错的。

可能将来我走着走着，才能发现很多东西给我带来的益处。或许那时候我可以说，我读国学收获比痛苦多，但也说不定，所以我没法现在下结论。

- 6 -

陈瑜　现在你站在一个十字路口，可以这么说吗？

天歌　对，是的，在十字路口。

以前是在很安乐或者说又熟悉、又封闭、又安全的一个地方，但目前我要被一脚踹出来，被踹到真实社会里，可能我没有做好准备。

陈瑜　会有一种担忧和恐惧吗？

天歌　我其实一直都会有这样的恐惧，从我 15 岁的时候就开始有很大的恐惧，当时面临着到底选择回普通学校读书，还是继续读经。我不愿意单独出来面对这个社会，不愿意跟外界打交道。但是这两年因为家里的情况，就感觉好像被逼到绝路了，逼到这个份上没有退路，好像就不在乎，也没那么恐惧了。

陈瑜 你说自己恐惧，恐惧的是什么？

天歌 我觉得我没有独立养活自己的能力和勇气，没有支持起自己精神生命的力量。

首先是与人的沟通，我不知道该怎么跟别人讲话；再一个是跟社会的接轨，我对一些社会基本常识都是欠缺的；还有一个顾虑就是我的教育成果，除了我爸妈坚持，其他所有的亲戚朋友对我读经都是不支持的、嘲讽的、批评的，甚至用各种方式否定我接受的教育。所以我从小无形之中会有一种想法，就是要证明给所有人看，我走这条路，付出这么大代价，不是错的。所以我很恐惧。

我老家的同龄人都在上大学，他们学习都还挺好的，但是我父母付出这么大代价，这么辛苦，最后换来的却是我回去打工了，这个是我很接受不了的一个事实。

陈瑜 计划回去打工干什么？

天歌 目前还没有想好，我觉得先从最基础的开始做起，比如说送快递、在超市或餐饮店打一份工这样子。

陈瑜 做这些工作内心会委屈吗？

天歌 目前来说我不委屈，因为可以帮家里分担。

我打算下个月就回家。

陈瑜 我不知道你老家有没有一些教小孩的国学班，你可以应聘做兼职老师？

天歌 目前来说没有，如果有，其实要求都是很严的，你至少要有学历。

其实我也有做国学老师的机会，但是不知道是不是因为读伤了，现阶段我比较反感跟国学有关的东西。

陈瑜　对未来抱有怎样的心态？

天歌　20岁我要开启新的人生了，当然会有憧憬，我也是想借助这些工作来磨炼自己。

其实自己还是有情怀的，我还是很希望过有信仰的生活，对于儒家、佛家、道家，我都想有所涉猎。我们家都是信徒，我从小在信仰方面的感受和获得的滋养也是挺多的。

如果有机会读研究生，我想在国学基础之上，接触一下西方的宗教教育，最终我还是希望能回归文化这条路。

我毕竟走了10年，功夫不负有心人，我愿意继续学习下去。

陈瑜　你愿意继续走这条路，是因为你曾经付出过10年，如果全然抛弃会可惜，还是你内心有这方面的种子，在某一天你觉得它依然还是会发芽？

天歌　过去10年走了半路，我也不甘心就这样断掉了。

陈瑜　内心里，你喜欢国学吗？

天歌　我本身对于国学是有一种情怀的，但是目前来说真的谈不上喜欢，慢慢地开始反思自己。

按道理来说，"三年视敬业乐群，七年视论学取友"，我学了十年了，应该已经有个小成果了。但出于种种原因，我中间走了很多弯路，导致现在好像没有从所读的经典本身中汲取到太多的营养，在国学里没有看到太多我真正热爱且感到幸福快乐的东西。

陈瑜　走了很多弯路，具体是指什么？

天歌　最简单的，我觉得光是在教材方面其实就走了蛮多弯路。我现在学了 10 年，四书五经我还没有全背下来，即使背下来了，也只是把表面的文本熟悉了。应当理解它更深一层的意思，包括对历史的深入了解、探寻史书背后的人文精神和春秋大义，乃至涉及的文字学、训诂学等等。不能仅仅是文本上的熟悉和背诵，对知识性、系统性的深入学习，对经史真义的深入学习，目前来说我都是很不足的。

再一个，数理化我们没有学，确实我们对于很多西方文化都很缺乏了解，视野很小。

再有，对于同学们的内心和心性，其实国学教师关注、体察很多。但往往出现这样的情况，很多同学读了 10 年的国学，反而对于国学是非常反感的，以后再也不想接触了，群起而攻之。其实这也是一种失败，老师教学的方式，对待同学的方式，也需要很大的一个调整。

所以我说的弯路是在这里，已经出现各种各样的问题了。

陈瑜　有一个问题我想请教你，你们学习国学是全盘接受，还是允许学生对经典有思辨？

天歌　老师您提这个问题，我觉得其实挺切中要点的。

目前老师没有硬要求我们把它全盘接受，也没有要求我们去思辨，这方面也是不足的。现在仅仅是背下来了而已，接触、感受了而已。就是我们知道那是好的，我们也知道里面有一些有待商榷的东西，但是不能因为一点瑕疵就把整块玉否定了。

我们继承传统文化，首先就是熟悉全部文本，未来根据自己的学问来一步步钻研，在人生中一步步体会，再去进行思辨。

理想的国学教育和现实的差距还是挺大的。这条路真的不好走，因为断了一两百年了，谁都不知道该怎么走。我觉得我们是一批奉献者，我们现在去走，以后更多的孩子接触国学教育，他们就会少走很多弯路……

陈 默 老 师
———————
点评分析

在一个孩子的成长过程中,他什么时候离开父母到外面去读书,读什么样的学校,这对孩子来讲都不是最重要的问题,最重要的是他离开父母之后经历了什么。

天歌离开父母,似乎是因为父母觉得他没办法很好地在普通学校读书,无奈地为他选择了特殊的学校。这个孩子在读书过程中学了什么,这是一个问题,另一个问题是在这个过程中,他的情感体验是负面的居多,父母应该意识到这一点。

这个孩子离开妈妈后,碰到什么事情,不会去跟妈妈推心置腹地倾诉。生理的距离跟妈妈拉开了,心理的距离同样也拉开了,这对孩子的成长非常不利。

他在学校里遭遇的所有经历,别的孩子可能也会碰到,不是什么大得不得了的事情,但是一个可以求助于父母、可以跟父母去讲、可以在内心里感受到父母是他保护者的孩子,跟一个得不到这一切的孩子，完全会显现不一样的人生状态——问题的关键就在于此。

所以有时候我们会看到这种情况，面对同样遭遇的两个孩子，最后的心路历程不一样，原因实际上就在于在情感体验的过程中，作为一个孩子他能不能得到应有的保护和支持。这是成长最重要的养分，对一个人来讲，有没有这样的养分、养分的浓度高不高，是不一样的人生待遇。

天歌这方面的待遇太差了。父母在他需要陪伴的小时候离婚了。父母在孩子这个年龄时离婚的相对最多，因为所谓的"七年之痒"。父母离婚之后，孩子缺失了一部分的支持，单亲妈妈带着这个孩子，孩子表现得不好，这种情况非常多，这是因为大人的生活出现了大的波动，情绪出了问题，影响到了孩子。小孩在破裂的家庭中，环境发生大的改变，处于恐慌、没有安定感的状态中。

最可怜的实际上是孩子，这时，最需要保护和照顾孩子的人却是"泥菩萨过江，自身难保"，所以家长安排他去了家长认为他该去的地方。

在这个地方，如果家长能够跟他三天两头有联系，能让孩子至少觉得家长跟他心心相印，那倒还好。有时候问题倒不是出在空间距离上，而是出在心理距离上。

你看天歌可以一整年一个人在外，心里对大人没有牵挂，为什么？因为他想了也没用。所以这个孩子一路成长10年，实际上孤苦伶仃，他内心里几乎没有亲情的温暖。

缺少了亲情的温暖的人，他心里的炉火是不够旺的，缺乏往前走的勇气和积极性。现在这个孩子到了成年的年龄，所以有足够的理智反省他的心路历程，他在寻求他可以走得通的道路。

对他来说，目前所需要的是感受到来自亲人的有力的支持，不管能不能做成事，都能得到周围亲人的安抚和理解，这样他可以歇一歇，让自己做一些调整。让他在加油站里把油加足，他才能往前开，而不要在油还没加足的情况下，催他这辆车往前面开。

这类问题也具有一定的典型性。家长在帮助孩子做选择时，一定要从孩子自身的成长出发。如果这种选择很大程度上是为了解决大人自己的问题的话，那么将来很可能就会看到对孩子不利的结果。

No.

10

"读初三后，
我控制不住自己的手抖……"

小F／女／初三／上海

概况：手会不自觉地发抖，有焦虑情绪。

母亲的控制欲，阻碍了她与同学的正常交往，她想要挣脱，却又很挣扎。

"最近也不知道怎么了，控制不住自己的手抖"，刚念初三的小F本来就"特别迷茫，不知道自己未来的路在哪里"，现在更加焦虑了。

她没有去医院诊断，目前最让她烦恼的还是妈妈，因为妈妈特别想"关心"她。举例来说，上画画课，从小区出门到商场，只有一条跟学校跑道差不多的几米宽的小马路，妈妈也不让她自己走。

小F说："我感觉我在她（妈妈）眼里啥也不会，什么都需要她指点一下……"

- 1 -

陈瑜 妈妈的"关心"让你蛮有负担的,是吧?

小 F 我感觉特别的不自由,我妈妈好像不会给我一个更大的空间。

让我比较难过的一点就是,她严格限制我自己出门,这就导致我跟同学之间的相处,只能局限在学校里面。她会要求我,如果要跟同学出去玩,必须带家长。因为必须带家长,其他同学又不乐意,所以他们玩就不会带我。

陈瑜 你有问过妈妈吗,为什么她那么不放心你一个人出去?

小 F 当然了!她说:"没有为什么,你还没成年!"我就会问:"其他同学为什么可以?"她会说:"你不要管他们,反正你不能出去!"

陈瑜 我会继续说:"你这样子,会让我没有朋友的。"

小 F 其实我也说过,我说的是:"你这样,大家就不会选择和我一起出去了!"

她一直觉得我玩心特别重,都初三了,怎么还想着要出去玩。我从开学起就一直在策划活动,但是成功的次数也不多,很多活动刚萌生一个小芽,别人会因为必须带家长就回绝掉。

我跟我妈说:"我可能攒 10 次局,里面只有一次是成功的。"

她就会说:"我一次也没有阻止过你攒这些局啊,那人家放你鸽子,又有什么办法?"

陈瑜　你攒的局，都是需要别的同学也带家长的？

小 F　不是不是，别人带不带家长没关系，反正我妈得去。

陈瑜　你妈跟你一起和同学玩，你会觉得很别扭吗？

小 F　会啊！在家长面前，总归得乖一点，对吧？而且我们说的一些话也不想让我妈知道，比如说我们会给别人组 CP、跑八卦之类的，那也不能在我妈面前说呀。
　　　然后还有，我妈她会特别注重我的仪态，要求我坐直、端正、不要太疯之类的，就很玩不开。
　　　在朋友面前嘛，也不要什么仪态了呀，谁在朋友面前还端着，您说是吧？

陈瑜　嗯。那你攒的局，有其他家长参加吗？

小 F　有时候有，有时候没有。

陈瑜　那只有她一个家长参加，多尴尬啊。

小 F　她可能不这么觉得吧。

- 2 -

陈瑜　你觉得你妈在担心你什么？

小 F　她应该是在担心我的安全问题，其他的，她也不咋参与。

陈瑜　什么安全问题呢？被车撞了？被坏人拐了？

小 F　她就是有一种莫名其妙的不安全感，在很多方面，她都不相信我。比如说昨天刚发生的一件事，让我哭了好久。
　　　我妈生日快到了，我想给我妈弄个生日礼物，跟她说："要不在淘宝上买一个材料包，我给你做个手链？"她说："你为啥不自己买？"我说："现在都是要实名认证的，要绑定个人信息，我没有办法搞。"然后她就说："你是不是自己已经下载过、尝试过了，所以才知道的？"她平时是不允许我下载淘宝和买东西的。

我当时就特别委屈。您想，我的初衷是什么？我的初衷是给她做生日礼物，然后她就怀疑我。虽然下载这个东西无伤大雅，对不对？但是她就是不让我下载，还特别怀疑我，然后我就委屈了，就哭了。她就说："开个玩笑而已嘛，你怎么连玩笑都分辨不了？"

怎么说呢？如果她是第一回这样说的话，我可能会觉得是玩笑，但其实她之前也这么怀疑过，让我觉得她非常不信任我！

我即使觉得她要求这么严格，也已经照做了。我的手机上，除了百度、微信，还有个文档，其他基本上啥也没有了。

她控制我出去，还要控制我看手机、看 iPad 之类的，她认为我会沉迷，所以给我设定时间限额。我说要用微信跟同学交流，她说："你是学生，你的主要任务就是学习，你只要把学习学好就行了，不要老是聊天。"

陈瑜 你跟妈妈提出一些你的想法和建议，会有成果吗？还是说每一次尝试都会被驳回？

小 F 她如果有理由能够驳回，就会想尽一切理由来驳回；如果没有理由了，她就会说："没有为什么，你还没成年。"

最让我受不了的，就是这句"没有为什么"！

陈瑜　你听到这句话,会是什么感受?

小F　就是特别无奈。

其实我感觉,可能在某些方面,我意志会薄弱一些,但是在想法上面,我现在应该跟他们已经是一样的了,所以她的这种说法,让我感觉特别的不平等!

陈瑜　爸爸会帮到你吗?

小F　呵呵,爸爸和我是一个战线的,但是他不敢推翻"王朝"。

陈瑜　哈哈哈,爸爸在家里也没有什么话语权吗?

小F　有那么一点吧,至少给我买一杯奶茶的权利是有的。其他的,我也不敢奢求,他基本上是要征求我妈的同意。

陈瑜　一个比较无力的队友。

小F　是的,是的,是"猪队友"。有时候我跟他偷偷出去吃个烧烤,然后他就把我给出卖了。

陈瑜　你妈妈是不是一个对自己要求也很高的人?

小F　可能是的。

其他家长特别"鸡娃"①,之前补习班还没有停的时候,就疯狂给孩子报补习班;现在补习班停了,就疯狂给他们买教辅书。我妈就被他们带得非常焦虑,她对自己的要求肯定也比较高,然后就开始把这种期待放到我的身上。

但是她特别"表里不一",对内,要求我背英语单词、搞学习,从我小学起就给我报兴趣班,但对外会说,都是我自

---

①　指父母给孩子"打鸡血",为了孩子能读好书、考出好成绩,不断给孩子安排学习和活动,不停让孩子去拼搏的行为。——编者注

己要求的，给我营造一种"人设"：我非常的自律，我是一个非常好的孩子，我是一个非常完美的孩子。

陈瑜　她给你营造这样的人设，你是什么感受？

小F　我很累，我不想去维持这个人设，我会形成一种叛逆的想法。有一回我过生日，邀请同学来玩。我跟我爸一辆车，有一些同学跟我妈一辆车。我妈竟然就跟他们说，我的补习班、兴趣班都是我自己要求报的。

然后下了车，那些同学就来问我："是真的吗？"我就跟他们说："不是真的，别听我妈瞎说！"

陈瑜　你觉得你妈为什么要给你去营造这个人设呢？

小F　不知道，为了给自己一点安慰吧，毕竟我是她教出来的。

- 3 -

陈瑜　你手有点抖，是从什么时候开始的？

小F　一个半星期了。

陈瑜　一个半星期之前，发生了什么事情吗？

小F　啥事也没发生啊，我正常上课，正常考试，正常写作业。可能因为开学就初三了吧。

陈瑜　抖得有多厉害？

小F　右手写字有点用不上力，笔画会有点抖，感觉写得也没有以前好看了。

刚开始，我会觉得可能是太累了，因为右手一直写字，会不会是因为用的力气太多了？然后体育课撑单杠、双杠又撑得比较狠，可能就会这样子。但是后来发现，肌肉也没有酸痛，体育课也很久没有用手使力气，还是一直在抖，我就会很焦虑，越来越焦虑。

陈瑜　你醒着的时候，就一直能感受到它在抖吗？

小F　不是，它是一阵一阵的，差不多一天有个七八次，每次差不多几分钟。

陈瑜　这个情况你有跟爸爸妈妈说吗？

小F　有啊，我跟我爸说了，我爸有点担心，问我要不要去医院。我跟他说，要不再观察一阵子。然后我跟我妈说了，我妈认为我初三了，是不是太焦虑了、太紧张了，就让我用百度搜索一下。您知道的，百度上搜出来的都是绝症，很无语。

陈瑜　这两天会比之前好一些，还是更严重一些？

小F　稍微有点严重的感觉。之前可能只是稍微抖，但是现在，开始是稍微抖，然后突然就会演变成一个大抖，然后再稍微抖，再来一个大抖……

陈瑜　你会很关注它吗？

小F　我不想关注也不行，写作业写着写着，它就开始抖了。

陈瑜　你觉得初三对你来说压力大吗？

小F　有一点压力。因为我之前学习也不错，我特别害怕，如果我初三掉下去了，会不会让很多人非常失望。

陈瑜　你现在的学习成绩，在班级或者年级里边大约处在什么样的位置？

小 F　年级前五。但其实我有一种自卑的心理,我小学是在一个名不见经传的学校,最后进我现在读的中学的,全年级只有我们两位同学,另一位还是五年级最后一个学期转过来的,严格意义上也不算是我们小学的。

陈瑜　所以你小学的成绩,是数一数二的?

小 F　是的。

　　进中学有分班考,我考得也不是特别的理想,数学刚及格,英语考成什么样子,我也不想说了,太惨烈了。那时候我非常自卑。

　　后来我凭借自己的努力,第一次期中考试,就考了年级第七。那个时候,我其实觉得我还是可以的,但是我内心的自卑感并没有消除。

　　您知道那种自卑,一旦确定自己肯定比不上他们,就很难用一次考试改变这个想法,然后就一直很努力,一直有这个包袱在。当我达到那个成绩的时候,就会有很多人要求我保持住。

陈瑜　谁要求你保持?

小 F　老师肯定是会的,当然还有父母,他们嘴上不说,而且还非常喜欢说"没有关系,你不要给自己太大的压力,你学一下就好了",实际上明里暗里都在给我一些压力。

陈瑜　明里暗里让你感受到压力的是什么?

小 F　他们总是会提起我曾经考过一个什么样的成绩,然后说你要不要去拿奖学金,还会通过问我未来想考哪所高中、哪所大学,给我一种焦虑的感受。但他们嘴上却说"不要有压力",其实压力都是他们给的!

陈瑜 他们说"你不要有压力",你是什么感受?

小F 很想翻个白眼,然后骂句脏话。

- 4 -

陈瑜 周边的人都希望你保持这个成绩,你自己也会内化,变成自己的想法吧?

小F 是的,所以说前段时间,我就打算思考一下,我这样子学习的目的和意义在哪里。其实有时候我觉得我自己都有点疯狂,我怎么会在想这些东西。我在想活下去的理由是什么。

您想,我们自己在这个世界上活一世,得到一些快乐、一些痛苦,然后生孩子繁衍下去。我们的孩子又这样子过一生,然后我们的孙子又这样子过一生,但是活下去的意义又是什么?

陈瑜 你是觉得这样一世又一世地活下去,不太值得吗?

小F 我也不知道,就感觉不能这么按部就班。

疫情那段时间待在家里上网课,我不大听课。后来要回学校了,就非常焦虑,还跟我妈吵了一架。然后就想,会不会我到了活不下去的那天,会离开他们。

陈瑜 你有这个念头?

小F 有过一次,当时我就害怕了,然后就去找一个好闺密,去跟她说这件事情。她让我暂时不要想那么多，然后我就真的暂时不想那么多了。

陈瑜　你刚才说，不能这样按部就班地活下去，你觉得应该怎样活呢？

小F　至少应该按照自己的心意去活，不要家里人想让你去考公务员，就真的去当个公务员。我可能以后想当一个心理学家，我是不是也要去冲一下？

陈瑜　你将来想干什么？

小F　想当心理学家。

我妈在这方面对我没有要求，我外婆和我爸想让我当公务员。外婆说公务员工资高，工作清闲。我爸说，他某个同学就当了公务员，过得很好。说完之后，还会给我来一句："当然，你还是要有自己的想法。"

我心想，既然我要有自己的想法，你刚才还跟我说那么多干什么？

陈瑜　你为什么想当心理学家？

小F　首先我在班级里面，人缘也还不错。我心思比较细，想当心理学家的话，一方面是想去帮别人，另一方面是想帮自己吧。

陈瑜　你想帮自己什么？

小F　我这个人会想得很多很多，就比如说我刚才跟您说了一些话，我就会去想：这句话是否合适？会不会让您多想？会不会被别人误会？

有段时间实在是太烦了，我说了一句脏话，然后瞬间我就开始反思我自己了：完了，我刚才说了句脏话，我的同学会不会认为我是一个不那么值得交的朋友？

那个点，正好我的班主任从拐角走过来，我想完了，我的班主任会不会听到了这句话？……然后就疯狂地想，甚至脑子里面都已经演了一遍剧情了。

当我非常烦躁，快到一个极点时，我才反应过来，我想得太多了。

陈瑜 你这么一说，我觉得你挺有人设包袱的。

小 F 对对对，是的，是的，是的，太准了！

陈瑜 当下难过或者不爽，骂一句脏话是你内在真实的表达，但是这个表达和你要营造的人设不符合，你的"超我"就会跑出来充满道德感地谴责你，说"你不能这样"。

小 F 是的，还有一个方面，我不仅对自己说的、做的会想得非常多，我还会对别人说的、做的想得非常多。

可能我就坐在座位上，后面有几个男生说话，我听不清他们在说什么，然后我已经在脑子里面幻想了：他们是不是在说我不好？

陈瑜 嗯。我还记得你刚才跟我说，妈妈对你的仪表有要求，对外给你营造完美小孩的人设。虽然你会觉得表里不一，但是其实那些东西也会长到你的身体里边，你内在也会有一个类似妈妈的声音来要求你、监控你。

小 F 嗯，是这样。

- 5 -

小 F 这段时间我瞒着我妈，偷偷地放弃了英语。我们可能要考一张报纸上面的内容，我报纸都没看，用荧光笔划了，就当作看了。

我现在上初中，英语已经开始要求背诵高中词汇了，实在是太累了。我就摸鱼，然后就感受到这种摸鱼的快乐。

陈瑜 "摸鱼"是一种什么样的快乐？

小 F 终于做回自己了，然后发现做回自己，也并不是很差。

也不是做回自己，我自己当然也是非常优秀的，是终于释放出自己那种懒惰的天性了。懒惰的天性已经在我的体内憋了太久，终于释放出来了。

陈瑜 你允许自己懒惰的天性释放出来，会不会同时有另一个声音指责你："不可以这样懒惰，你这样子，成绩是要掉下来的。"

小 F 所以尝试了一次嘛，发现还行。

陈瑜 "还行"是指成绩还过得去对吧？

小 F 对对对，成绩还过得去。

陈瑜 那会不会摸鱼上瘾呢？

小 F 会啊，所以我感觉，我长大后会不会非常难搞？会不会一发不可收拾？会不会非常不上进？所以我特别怕长大之后，会有这种发泄性的惰性。

陈瑜 嗯，的确有一些小孩，被爸爸妈妈控制到18岁，小时候不是在补课，就是在去补课班的路上，然后一进大学就成天打游戏，说"我要找回我的童年，我要重新来过"。

玩这件事情不是罪过嘛，玩也是孩子生活中的一个重要部分。

小 F 对！

陈瑜 现在家长因为自己焦虑，看不得孩子玩，看不得孩子放空，所以冲突就会变得非常大。

小 F 是，您说得太对了！所以说有一句话我特别喜欢，原生家庭都是有问题的，"家家有本难念的经"。

陈瑜 你觉得你的原生家庭有什么问题？

小 F 问题就是一地鸡毛，事情全部都是小事，但是感觉放在一起就很糟。

陈瑜 你现在最大的苦恼是什么？

小 F 就是我妈！

陈瑜 她让你苦恼的，是对你的控制吗？

小 F 大部分是，还有她每次都说她要改、她要变，却从来没有改变过。

就比如说昨天因为生日礼物的事情跟她吵了一架，然后她去上班了，给我发了一条道歉消息，但是我觉得她之后也不会做到的。

其实有时候，我会尝试去把我自己带入他们的角色，然后我感觉我总是可以找出一个比他们这样做更好的解决办法。

陈瑜 嗯嗯，你会试图把这些解决方法告诉他们吗？

小 F 我在吵架的时候，有试图告诉过他们。他们跟我吵，就会说："你想让我怎么做？"然后，我就这么说出去。

陈瑜 但是吵架的时候，你把解决方法告诉他们，也不一定非常有效，因为大家都有情绪。

小F　人争一口气嘛！可能这个方法无效，但是我得说出来，我不能让它压下去。

陈瑜　那吵架的风波过了，大家都心平气和的时候，你跟你妈复盘这件事，说："其实妈妈，你可以……"

小F　不会的，不会的。

陈瑜　为什么呢？

小F　可能有点奇怪吧，我不是很习惯这样说，因为我总是感觉他们肯定不会做到的。

陈瑜　不过你也没有试过。

小F　嗯，下次可以试一下。

陈瑜　嗯，下次可以试一下。

反过来如果爸爸妈妈真的永远都不能改变，作为孩子，你怎么办？

小F　先长大了再说，等我成年了，她就不能用"没有为什么"来怼我了。

- 6 -

小F　老师，能不能给我一些跟妈妈沟通的建议？

陈瑜　的确，妈妈的一些说法、做法让你挺苦恼的，如果她改变了，你就可以有一个更为轻松和自由的环境，你自己就能成长得挺好。

从你的角度来说，跟妈妈沟通，有两个方向，我们可以尝试。

第一个，我们刚才也聊到，有没有可能在你和她都心平气和的时候进行一番沟通，不管怎么说，你把你的这些想法、你对你自己和家庭的认识以及她的一些做法对你产生的影响，跟她聊一次。

你说："妈妈，我现在需要 15 分钟时间。这 15 分钟，你不要解释、不要反驳，也不要指责我，就先让我把想说的话给你都说一遍。"

你说："这可能是改变我们沟通方式的一个起点，如果这个起点不行，我们以后再说，但我想做这一步的尝试。"

你先试试看，跟她聊一次，由头就是现在你手抖，你可以描述这件事对你的影响，引发话题。当然也非常有必要让爸爸妈妈带你去医院检查一下，这同样很重要。

小 F 我能不能悄悄问一个问题，您觉得我直接留个字条自个儿出去，这算可行吗？

陈瑜 留个字条自己去吗？你是指离家出走吗？

小 F 倒也不是，先留个字条说我跟同学出去玩了，说明什么时间回来，然后跟家里保持联系。

陈瑜 以你妈现在的心态，你得提前告知。第一步还得要跟她把你的想法和你的需求说出来，说："我希望成为普通的小孩，普通的小孩用语言或者字条告知爸爸妈妈去哪里，电话保持沟通，他们就可以一起相约去玩。他们也是未成年人，我到了这个年纪，我有这个能力，请你相信我。"

你把这些话先跟她说了，让她心里铺个底，你下一回做出这个行动的时候，她不至于一下子情绪就失控了，要不然你也会很难过。

小F　好，好！

陈瑜　第二个，基于我和很多家长的接触，好好跟他们说的话，没法改，一定要吃到苦头，比如孩子真的抑郁了、自残了、休学了，那个时候他们才会意识到"我再这样下去不行了"，但这个代价太大了……

小F　完了，完了，这事我真想过。我有时候会感觉，我要故意把自己变得惨一点，让自己"那个"一下，然后他们就会……

陈瑜　咱们都不希望走到那一步，因为到那步，小孩付出的代价太大了，无论是生理上还是心理上的，都不好受，对吧？

所以我先跟家长好好说，说不通的话，我就会"威胁恐吓"。所谓"威胁恐吓"家长，就是把未来可能发生的情况提前告知，依照这样发展下去，小孩子大概率会怎样怎样，我甚至有时候会把话说得很重，就是为了锤醒他们。

这部分的工作理论上由老师或者第三方去跟爸爸妈妈沟通更好，所以你还有一个选择，跟妈妈说，你现在有些困扰，需要找一个咨询师，表面上是解决你的问题，但是目的是解决她的问题。

这个角色可以是咨询师，也可以是你学校里面非常信赖的老师。

小F　嗯嗯。

陈瑜　每个人都有自己的边界，即便我们是一家人，也不可以随意踩踏。你现在到了这个年纪，有自我意识，希望有更多的自我空间，这非常正常。爸爸妈妈应该退出，至少是退后。

小F　对的，是的，太感谢了。

陈瑜　不客气的。

小F　我最后可以问一个问题吗，就是我有麻烦到您吗？

陈瑜　你看你呀，还是过分在意别人的评价，这在人际关系里面是需要克服的哦。你只要做真实的你就好了，这样你和别人都会感到轻松。再说，别人对你的感受，是别人的事情，说到底，那不是你的"课题"。

　　　你以后想读心理学，心理学有一个概念叫"一致性"。我内在是什么样的，我外在就是什么样的，"一致性"程度高的人，他的耗能是最小的，因为只要由内而外地自然流露就好了。内在的自己和外在的自己差得越远，那个人的耗能就越大，因为他要去"装"成另外一个人。

　　　在交往中，特别真实、友善地待人就好，忘掉那个人设吧。

小F　行！

陈默老师

点评分析

小F的生活被严格控制，连她去参加同学聚会，她妈妈居然都要跟着，其实这个妈妈的做法是很过分的。

在家庭教育中，我们确实也看到，有一类家长是高控制的。高控制的家长应该知道，哪里有控制，哪里就有反控制！因为家长的高控制是妨碍孩子成长的，高控制下的孩子，心理往往不健康。

青春期时如果你还控制他，他就要逆反了。逆反的形式通常有两种：一种是硬反抗，你说东，他一定要说西；另一种是软反抗，他没有动力，出现各种各样的心理问题。

这个女孩显然也是在逆反，只是在用自己的形式逆反。像这种考试时候手会抖的现象，其实在一些考试焦虑症孩子中是常见的。引发考试焦虑的原因也不尽相同，小F是因为妈妈长期对她学业上的高要求，总是把她说成一个爱学习、很自律的孩子，也就是让所有的人都把她看成一个自我要求很高的孩子，实际上无形中会给她带来必须扮演这个角色的压力。

这类孩子到中考、高考阶段，他们的焦虑感就要比常人高很多，因为他们有双重压力来源：一个来源于他们自己，本身长期被家长教育灌输，自己对学习的要求很高；另一个来源于家长。所以这种孩子到了中高考的时候，就会有非常严重的焦虑。

焦虑严重到一定程度，就会有躯体反应，手抖就是其中一种。这种现象已经在发出一个信号：我在考试问题上太焦虑，焦虑到我已经没有办法克服，所以躯体会出现一些症状，来把这个焦虑展现给别人看。

但是这个问题并没有引起家长的重视，他们可能觉得手抖这种事情也不是什么大病。因为很多家长在孩子教育问题上的着眼点就是学习成绩，如果学习成绩没有一落千丈，那么出什么其他问题，他们也不大放在心上。而且，如果孩子每天坚持去读书，家长也不会意识到孩子有什么问题。

家长不把孩子的问题放在心上，这也是常见的，也就是说我们的家庭教育中，家长对孩子心理健康成长这部分是忽视的。有少部分家长现在能意识到，我的孩子要身体健康，同时也要心理健康。心理健康到底是什么标准呢？他们也不知道，因此也就不认为这是个问题，所以对于孩子的心理问题，家长的认识往往是滞后的。不要说给到孩子及时的帮助，连发觉问题也要比老师晚、比孩子的朋友和同学晚，所以家长是需要警觉的。

孩子是你自己的，你天天陪伴他成长，你如果这么没有警觉的意识，那么等到孩子心理问题很严重的时候，处理起来难度就要高很多。

No.
——
11

165厘米/36公斤,她被父母"骗"去医院治疗厌食症……

小溪／女／初一／江苏

概况：厌食症。

小时候长青春痘，被同学取笑，自信心遭到打击，随之希望在学习成绩上拿第一，从而获得满足感。

"你听过厌食症吗？"
"嗯，我知道。"

小溪身高165厘米，体重最轻的时候掉到36公斤。爸爸妈妈束手无策，"骗"她住进了医院。

很多得厌食症和暴食症、不停折腾自己身体的女孩，都有一个严苛又不接纳她们的妈妈，但小溪妈妈并不是。

说起来，那颗动摇她自信的种子可能就是小学时男生们的那句话，"为什么你脸上长这么多痘痘？"

在家长眼里，这真不是什么大事，但是啊，不要忽视孩子们的求助信号，不要简单地回答"不要管他们呗"。这个答案可能太轻飘飘了，孩子们做不到……

- 1 -

小溪： 初一下学期，因为学习压力非常大，所以想吃很多东西，但又怕长胖。我每天白天都不吃饭，晚上吃一大堆零食，后来渐渐地不知道为什么，晚上连一大袋零食都吃不下了。

上学期刚开学时还发生了一件非常大的事。我父母在没有告诉我的情况下，就突然把我带到外地一家精神卫生中心，安排我住院两周，那一次我陷入完全崩溃的状态。

出院之后，吃得好一点了，后来过了一段时间又开始不吃了。上个月，我的内心经历了很多的纠结和挣扎，以至于体重掉到非常低的状态。

这次我父母没有再带我去医院，而是让我待在家里。我想要继续好好的，想战胜这个事情。

陈瑜 上个月体重掉到多少？

小溪 只有 36 公斤左右。

陈瑜 你有多高？

小溪 165 厘米。

陈瑜 没有得厌食症之前，体重大约多少？

小溪 大概有 50 公斤。

- 2 -

小溪 可能我是一个从小到大都对自己没什么自信的人。

其实初中之前,我一直是那种非常普通的小孩,特别不把学习放在心上,每天首要任务就是玩。我妈妈对我学习管得也不是特别严,我也不怎么学,成绩一直处于中等。对我来说考试的意义只是发成绩的那一刻:考好了,有一点开心;考不好,有一点不开心。5分钟之后就随它去了。

你要说那时候特别有自信,肯定也没有,但也不会觉得自己不好。后来到了五六年级,我开始脸上冒痘痘,那段时间其实自信心还是有一点受损的。

陈瑜 痘痘长得厉害吗?

小溪 还是有一点点严重的。我就记得那时候班上的男生会整天来问我:"为什么你脸上长这么多痘痘?"然后我就一遍又一遍地解释:"就长痘痘,我有什么办法?!"

他们的语气让人很不舒服。

陈瑜 这个事对你有影响吗?

小溪 我觉得对我还是蛮有影响的,可能从那时候开始,我对自己的信心就没有小的时候那么足,对周围的事情也更加敏感了。

陈瑜 有跟爸爸妈妈说吗,"我脸上长痘痘,男生说我,我不太舒服"?

小溪 有啊,然后他们就说:"不要管他们呗。"

陈瑜　有带你去看看医生，调理一下吗？

小溪　都去看过，涂各种药膏，也从来没有用。不过痘痘现在慢慢也就好了，可能就那一段时间特别多。

陈瑜　但可能那段时间让你从一个有点没心没肺、玩得挺开心的小姑娘，变成了一个对自己的容貌各方面有一点在意的女生了，是吧？

小溪　是的是的。但那时候对学习还不是很在意，我基本上从来不复习，把学校的作业糊弄过去就结束了。结果，小升初还考了我小学中最好的一次。

后来到了初中，不知道怎么了，我那次期中考试突然就考到了班上的第一名，突然就体验到了考第一给我带来的那种别人夸我的感觉。然后呢，我非常想要再体验那种感觉，就开始对学习上心了。

陈瑜　我之前采访过一些孩子，突然考了个第一，一下子对自己的期待就不一样了，会有这样的情况。

小溪　对！我考得最好的一次，考进了年级前十名，也把我给高兴坏了。我一般在年级第三四十名，我们年级一共有360个人。

陈瑜　年级前 10% 的水平，也比你小学时候名次高很多啊。

小溪　自己可能想要更好。

陈瑜　你对学习上心，落实到行动上，是怎样体现的？

小溪　我那段时间每天基本上只有学习，只有学习。买一大堆习题书，别人最多就做一两种，我一个学科就要做四五种。

陈瑜　每天要做到几点钟？

小溪 其实做到十一二点钟也就差不多了,不过我早上 5:30 左右还会早起学习。包括我现在也是 5:30 起来写作业,只不过我现在不晚睡了。

陈瑜 你觉得睡眠够吗?

小溪 我觉得还好,可能现在我的生物钟已经调成了这个样子。

陈瑜 也就是说除了学校的作业,你自己给自己布置了很多课外的题来刷?

小溪 对,主要都是刷课外题,其实学校的作业还好,不算很多。

陈瑜 刷题让你取得理想成绩了吗?

小溪 也没有算是理想,但至少没让我再回到小学时很一般的成绩,能让我勉强维持目前的成绩。

陈瑜 你会一直很向往考到班级第一、年级第一,然后再去享受别人对你的夸赞吗?

小溪 现在我想拿到班级第一或者是年级第一,可能不再是想得到别人的夸奖,而是让自己心安一点吧。

我之前看很多网上的文章,说要考到怎么样,才能上什么学校。我这个人对生活的品质、对用的东西要求也蛮高的,我就在想,我要是考不上好大学、找不到好工作,哪里买得起、用得起那些东西。有时候甚至就会有一点点焦虑。

陈瑜 这些想法是你自己琢磨出来的,还是说受到一些外部的价值观的影响?

小溪 我爸爸妈妈在我很小的时候,倒是经常这么说,比如出去玩,这个酒店我住得不舒服,想要住更好的酒店时,我妈就会跟我说这个。虽然她对我的学习成绩要求不是特别严格，但是这种话她在我小时候还是经常会说的。

最近他们不这么说了，因为他们知道，越说我就会越焦虑。

陈瑜　小时候听妈妈说这话的时候，你是什么感受？

小溪　我那时候真的对他们的这些话什么感受都没有，满脑子就只有玩。

陈瑜　潜移默化的影响？

小溪　对，肯定的。这些话，虽然我那时候没有怎么上心，但是也是记在我的脑子里了。

- 3 -

陈瑜　你还记得发生什么事，让你初一开始不吃一日三餐了？

小溪　那时候我每次要刷四五种习题本，很累很累，感觉生活又乏味又无聊，想靠吃点东西让心情好一点，有点意思。

陈瑜　吃零食的量有多大？

小溪　其实也不算特别大，一般晚自习后回家吃，比如说两袋坚果、一包饼干、几袋山楂。

陈瑜　这些东西吃下去，让你感觉怎样？

小溪　可能有一点害怕自己会变胖。

陈瑜　有一些厌食的孩子会去催吐，你会吗？

小溪　我从来没有过，这个肯定太折磨自己的身体了。但前一段时间，我吃完之后罪恶感会比较强，然后我会不停地运动。

陈瑜　有没有想过，既然担心体重会长，那零食少吃一点，平时的饮食吃得正常一点?

小溪 那时候肯定是觉得平时吃饭哪有吃零食快乐。

陈瑜 那时除了吃零食,还有其他什么让你觉得快乐的吗?

小溪 好像就没有什么了。

陈瑜 这跟小学时玩得特别开心的你反差挺大的,你觉得根本的改变到底是什么?

小溪 我甚至都不知道,包括我爸爸妈妈也经常会说,现在的我和小时候的我完全不是一个人,也不知道究竟是什么改变了。

陈瑜 一直吃零食,不太吃饭,这个状态维持了多久?

小溪 大概维持了4个月,那时候体重掉到了45公斤左右,也没有特别瘦。我觉得比之前更苗条了,很开心。

我爸爸妈妈就开始焦虑了,跟我不停地说"你吃得太少了",或者"你最近太瘦了"。

陈瑜 你自己觉得有没有问题?

小溪 那时候我觉得没有问题。

陈瑜 所以爸爸妈妈突然把你带去医院,你就崩溃了。

小溪 对。那时候他们跟我说去检查一下,当天去,当天回。

陈瑜 是不是他们也不知道要住院?

小溪 不是,他们早早就计划好了。

陈瑜 可能爸爸妈妈把你送到医院之前,跟你把这个事说清楚,尊重一下你的意见会更好一些?

小溪 就算他们跟我说,我估计我那时候也绝对不可能答应去,这肯定也是事实。

其实我觉得，包括我现在也觉得，他们最好是能鼓励我把吃这么多零食的习惯改掉，好好开始吃正餐——这才是更好的解决方案，而不是直接把我送进医院。

大部分人要住一两个月院的，然后我就各种闹，最后两个星期就出去了。

陈瑜　住院接受了什么治疗？

小溪　医院是完全封闭式的，里头的人也特别不友好。每天被强迫着吃饭，那种感觉很不好受，也很无聊。

那些所谓的老师过来给你做什么正念练习。我记得很清楚，有一次，有几个指导师拿了一袋草莓干发给每个人，让大家观察它的外形，说是要战胜对食物的恐惧。

但是我从一开始就没有对食物产生恐惧，我甚至特别喜欢吃东西，我只是恐惧长胖而已。住院的那些人基本已经都瘦成干了，他们午饭一般要慢慢地吃上一小时，我10分钟就吃完了。

所以那段时间的那些治疗对我来说，也什么用都没有。我甚至觉得一开始我都不能算是厌食症，我对食物的热量、食物的品种、食物的种类什么要求都没有，什么限制都没有。但是相反，从医院回来之后，我好像对这些方面都有限制了，不能吃肉，不能吃白米饭。

陈瑜　为什么治疗之后你反倒有限制了？

小溪　因为治疗那一段时间，我长胖了很多。从医院出来一两个月后，也快胖了有10斤了，然后又想恢复到一个比较瘦的状态。

即便这个时候我很想吃，很想吃，我也一直在控制自己。

陈瑜　在医院除了治疗厌食症，他们对于你的饮食为什么会这样以及你的成长经历做过了解吗？

小溪　他们也有所谓的心理医生，但只是浅浅地跟我聊了一下。

陈瑜　住院的事，学校老师知道吗？

小溪　班主任知道，也没有跟我说什么，有时候跟我谈谈，说"你要照看好自己的身体，要多吃一点"。

陈瑜　同学知道吗？

小溪　我没和任何人说，因为一般除了和朋友，我也不太跟别人交流。

- 4 -

陈瑜　回来之后体重恢复了，怎么又降下去了呢？

小溪　依然是担心胖，后来就渐渐开始不吃了。

陈瑜　为什么那么担心长胖？

小溪　可能是因为我担心，要是长胖了，就会像长痘痘一样，会有很多人来烦我。人总是想自己苗苗条条的，可能我的这种感受太强烈了。
对学习成绩开始在意之后，肯定接下来对自己各方面要求都很高。

陈瑜　体重最低的时候，人的状态是什么样的？

小溪　会比较累。其实，我之前体育也挺好的，基本上跑 800 米能跑第一、第二。但那段时间，基本上就是在倒数。

陈瑜 学习方面受影响吗？

小溪 没有，包括在医院的时候，我也一直把作业带着，一直在做。从医院刚回来的那段时间正常吃，那个期末考了我人生中最好的一次。

陈瑜 从医院回来45公斤，然后掉到40公斤，掉到36公斤，你自己会担心吗？

小溪 可能会有一点点担心，但是那时候也不经常称体重，自己看着自己，可能感觉变化也不是那么明显。

陈瑜 最痛苦是什么时候？

小溪 应该就是上个月和在医院的那段时间。

上个月体重掉得太厉害了，我爸妈想让我长肉，然后给我提各种要求。刚开始的时候，我可能还不是特别想要按他们所谓的正常量来吃，所以那段时间也跟他们有很多矛盾，各种吵啊、争啊。

其实我生理上倒还好，就是心理上焦虑，包括他们每天絮絮叨叨说吃饭的事情，也让我很烦。我爸妈也是整天威逼利诱，跟我说"如果你的体重再不长，我们就要再把你送到医院去"，好像吃东西只是为了不再去医院一样。

陈瑜 这让你对吃的厌恶程度变得更高了。

小溪 对。我觉得很多时候解决问题的方法，真的会对后面事情的发展有很大很大的影响。他们不停地跟我说，我不想听，就因为我觉得太有压力了。

我们不光是吵架，就是大家每个人的心里都有自己担心的事情：我爸爸妈妈肯定是担心我的身体；然后我整天担心成绩、担心长胖、担心他们对我的担心。大家的心里都不是舒舒坦坦的感觉。

上个月我们期末考试，有考试的压力，又有父母给我的压力，所以那段时间还是蛮痛苦的。

陈瑜 你跟他们吵，表达什么意见呢？

小溪 我表达的是我肯定要往上长，但是很多时候我们主要的矛盾就出在未来到底该怎么样，就是往上长到什么程度，然后能怎样去保持，以后应该要怎样去生活。

这段时间，他们也在听一些教育的课啊什么的，我发现他们也能稍微理解一点我的感受，然后我们也达成了一个差不多大家都能接受的共识，可能现在也正在继续往这个方向努力。

陈瑜 你对"胖"有一个标准吗？比如说多少公斤以上，你就觉得胖了，多少公斤以下，你觉得是能接受的？

小溪 我觉得我比较接受45公斤左右吧。我现在开始往上长，到了45公斤左右，我就做一些运动，让自己能在好好吃的状态下，保持不胖。

从这个月开始，我在恢复了，现在也比之前稍微胖一点点了，差不多40公斤了，好很多了。

这一次也跟我父母聊了很多，他们这次也稍微比之前进步了一点。

陈瑜 现在你对吃东西这个事，是什么样的理解？

小溪 我现在觉得，那时候把自己逼得太死了，为了追求所谓的以瘦为美，结果把自己身体搞得不好，每天又不开心，经历了那么多。我现在觉得那时候有点没有必要吧，那时候自己太犟了，要是自己能像现在一样打开心结，可能会好很多。

陈瑜　现在对吃东西还有限制吗？

小溪　我现在都没有什么限制了，反正不要吃太油腻的东西，清淡一点就好了。

陈瑜　和爸爸妈妈达成了某种共识，对你来说是不是会轻松一些？

小溪　对，我觉得肯定轻松了很多。

陈瑜　你现在依然是一个对自己的容貌很敏感的女孩吗？

小溪　可能还是有一点，但是我知道就算对自己的容貌包括身材有要求，也不能通过不吃饭这种折磨自己的行为来达到。

陈瑜　什么时候想通的？

小溪　就是在上个月，我不停地跟他们交流，也看了一些书，了解到并不是只有节食才能保持体重，我还可以运动啊，都可以啊。

陈瑜　打开了一些门，不会陷在死局里边。

小溪　对。

- 5 -

陈瑜　刚才你也聊到自信心的问题，在你成长过程中，爸爸妈妈对你是比较肯定和欣赏，还是会以打压为主？

小溪　我妈可能是有一点点以打压为主，但是也没有打压得特别厉害，反正很少会去夸奖我。

陈瑜　爸爸呢？

小溪　我小学那段时间，他在外地工作，就周末回来。他也不会鼓励我，也不会骂我。我和我爸的关系可能不算特别好吧，有时候我们俩有点三观不合，经常会因为一些事情有各种分歧。

陈瑜　你会很想去赢得他们的夸奖吗？

小溪　我倒是对夸奖这个事情不是很在意，我可能对自我肯定比较在意。我感觉自己很容易过得了别人那关，但是过不了自己这一关。我感觉我脑子里住着两个人，一个人正在努力地去做，但是另外一个永远想要更好。

陈瑜　"想要更好"是你中学以后有的一个状态？

小溪　对的。

陈瑜　你对"更好"是怎样定义的？

小溪　没有止境的，这个完成了，就下一个，下一个完成了，再下一个。

陈瑜　在没有终点的跑步机上，永远跑，不能停。

小溪　对，所以有时候感觉自己过度控制自己了，想要做到所谓的自律，但是结果把自己控制得太紧了。

陈瑜　我之前采访的一些极其自律的孩子，通常背后有一个非常严格甚至严苛的妈妈或者爸爸，但是你爸爸妈妈好像对你也没有那么严格。

小溪　对。

陈瑜　那你对自我的严格要求来自哪里呢？

小溪　来自对成功之后的喜悦的向往，感觉我这么努力，终于得到了回报；或者不光是对成功之后喜悦的向往，还有对失败之后那种结果的害怕。

陈瑜　已经投入了那么多的努力，如果没有达到预期的结果，就会特别的失望。

小溪　是的。

陈瑜　所以为了不让自己失望，你就要变得更加努力。

小溪　对，就会让自己必须往旋涡里头翻。
　　　我也觉得挺奇怪的，爸爸妈妈好像真的对我要求不是特别高，但是我对自己要求特别高，而且有时候我也知道不应该对自己这样，但是我又害怕不对自己要求这么高，就会有坏的结果，我就不敢降低对自己的要求。

陈瑜　除了成绩特别好能获得自我肯定的感觉，你在其他什么事情上或情境里，也能得到这种感觉吗？

小溪　可能就没有特别多别的了。

陈瑜　所以成绩和你的自我价值就会画上等号了？

小溪　可能是有一点，因为感觉我好像也没有其他特别追求、特别想去干的，成绩真的就是我的一个主要目标吧。

陈瑜　可能还得慢慢来，当你知道不要把个人价值和未来人生都系在成绩上的时候，你至少可以变得轻松一些。

小溪　对。

陈瑜　你爸爸妈妈也在自我学习、成长，因为他们态度的改变，你也有了一些空间去改变你自己。

小溪　是的。因为这两年我的各种大大小小的事情，我们家已经好久没有那种特别安宁的感觉了，但是最近也慢慢地在往好的方向发展了。

你要说我对他们有多恨吧，好像也并没有，我感觉永远都恨不起来。

陈瑜　为什么呢？

小溪　我感觉我难受的时候，还是想跟父母待在一起，特别是跟我妈待在一起，这样能让我舒服一点。

陈瑜　庆幸爸爸妈妈没有一条道走到黑，他们最后还是站在了你这一边，真不错。

说起来，孩子向爸爸妈妈发出的求助信号，大人们还真的要重视，要及时回应，帮助孩子解决问题，否则可能就会变成一个小疙瘩在那里，会越长越大。

你小学被男生说长痘痘的时候，他们没觉得这是个什么大事，也就这么过去了。但到后来你自己就郁结起来了，为了建立自信和价值感，就从容貌、体重、学业各方面"搞"起来。

小溪　对。

陈瑜　这一路走来非常不容易，虽然身在其中很痛苦，但可能也会有礼物，包括你对自己的认识，也包括和爸爸妈妈关系的重建，对后续的道路都是有帮助的。

小溪　是的，不管怎么说，这一个月下来，感觉生活真的在变得越来越好了。

陈瑜　这真好，会越来越好的。

小溪　是的，我也是这么想的。

陈默老师

点评分析

小溪这个孩子对成绩有极端的追求，她要的是"最"，要的是第一名。

曾经得到过第一名的这种感觉，往往会给人带来一系列的麻烦，因为现在在应试教育的环境下，学校高度重视孩子的考分。如果某个孩子考了年级组第一名，就会被全年级老师高度重视，老师们会给这个孩子很多的赞扬声、笑面孔，以及所谓的鼓励、表扬，这个孩子一下子就会接收到外界给他的最好的感觉，这会使他不断去追求，想要再次享受这种感觉，那么他就会走上一条追求分数登峰造极之路。

在学习成绩第一名的孩子中，小溪的这种心理状态很普遍。追求分数到了极致，从哲学角度说，就"物极必反"了。

一个走到了极致的孩子，她的心理能量也用到极致，对自己很苛刻、很苛求，早上要5点多钟起来做作业。她实际上神经绷得很紧，长此以往，就缺乏弹性了。缺乏弹性的人，病理性的问题就要出现了，所以厌食成了心理问题的出口。厌食是带有强迫性的，强迫是长期紧张的产物。想要维持苗条的身材，这跟她青春期的想法有关，但更重要的原因在于这个孩子紧张强迫的心理状态。

像这类问题，也是具有典型性的，就是对考分名次有极端追求的孩子，会把自己逼到心理上出问题。学校教育中要注意到这一类孩子，他们的成绩在人群中名列前茅的时候，如果我们只从成绩的唯一维度欣赏他们，就有可能会使他们走向像小溪一样的病理性情况。所以，即便孩子考试考得极好，学校也要淡定一点，不要把他弄成楷模，让其他孩子来学习他，否则这个孩子就会觉得必须把这个角色扮演下去，而且会一次次想要重温这种感觉。最后，读书这件事也变得扭曲了，学习就是为了追求最高的分数，每一次考试都变成了比赛。人长期处于比赛中，心理就会难以承受，出问题也就在所难免了。

好在小溪和父母之间的关系还是融洽的，她在有困难的时候，可以得到父母的支持。

当孩子出了问题时，父母也不一定知道如何应对、如何帮助孩子，因为父母也不是专业人士。也许对于父母算不上什么问题的问题，对于孩子来说可能是重要的，比如小溪小时候脸上发青春痘，被其他孩子嘲笑，这对父母来说是很小的事情，但是对这个孩子来说是重大的事情。所以，家长要重视孩子的"小事"。

No.

12

"我期望妈妈更恶劣,把我逼死了,她一辈子活在内疚里……"

晚清／女／初一／上海

概况：双相情感障碍。

遇到任何问题，父母习惯性地在孩子身上找原因，孩子的委屈累积，变成怨恨。

"真的感觉我快死了，救救我！"

晚清添加我为好友，备注的文字让我特别紧张。通过好友验证时，我在脑子里疯狂地搜索，如果情况紧急，我该找谁来支援。我并没有危机干预的经验。

那一晚，我们在微信上用文字聊了两个多小时。我才明白，寒假与春节可能对于有些孩子而言，并不意味着欢欢喜喜。

晚清觉得"上学的时候反而好一点，一到放假就变得很消极"。她说，她真的很讨厌跟父母在一起。

这个双相情感障碍的姑娘自行停药了，她对父母的改变不抱希望，"说得再极端点，就算她（妈妈）再怎么改变，我都不会原谅她，我甚至很期望她更恶劣，把我逼死了，她一辈子活在内疚里"。

我心底涌上一阵寒意……

- 1 -

陈瑜 你是得了抑郁症吗?

晚清 是的。

陈瑜 在服药吗?

晚清 已经不吃了,我不想吃,也不去看医生了,我讨厌去医院。我碰到的医生很冷漠,而且医药费好贵,光是门诊啥的就得300元左右,还有药也得一两百。

特别是第一次,做了全身各项检查,全算下来1200多元,当时我整个人更糟了。我们家家庭条件也不太好,我对钱比较敏感。

陈瑜 爸爸妈妈对医药费表示出过什么情绪吗?

晚清 表情很苦涩吧。

陈瑜 会影响你吗?

晚清 会让我更不舒服,我觉得我拖累了他们。

要是我没那么"玻璃心"① 就好了。我觉得我就是太细腻了才会这样子,我从小到大都认为我自己是累赘。

陈瑜 为什么会这么想?

晚清 小时候我爸妈老是因为我吵架,我每次都劝不动。我觉得都是我的错,如果没有我,他们或许会更幸福。

---

① 网络用语,指心理素质差,心灵像玻璃一样易碎,很脆弱,经不起批评或指责。——编者注

	小时候我妈也对我说，要不是因为有了我，她早离婚了。
陈瑜	其实是他们俩的问题，孩子是无辜的。
晚清	我也是现在才明白，但是我还是会无法控制地自责。
	因为从小的阴影，我现在极度恐婚恐育，我认为婚姻和小孩就是不幸的开端。包括我周围的同学，家庭也都不太好。真是很大的阴影了吧。
陈瑜	父母的例子，让你对婚育的态度比较悲观。
晚清	对，我觉得我爸妈是世界上最悲惨的父母了，如果知道女儿恐婚恐孕恐男，他们估计会疯。

- 2 -

陈瑜	你什么时候开始犯病的？
晚清	两年前，后面就是间歇性地发作。
陈瑜	有没有过轻生的念头？
晚清	数不清了。吃不下、睡不着，思维涣散，每天想怎么死能舒服点、遗书该怎么写。
陈瑜	有自残吗？
晚清	有。
陈瑜	最难过的时候依然正常上学吗？
晚清	上，后来请过两天假，然后就继续回学校了。
陈瑜	那很难熬啊！坐在教室里是什么感受？
晚清	听不进去，很累，就是莫名其妙地累。

陈瑜　医生诊断是什么级别的抑郁症?

晚清　一上来就是重度了,因为我很晚才去看的医生。

陈瑜　当时怎么会去看医生的?

晚清　我完全撑不下去了,我妈逼我去的。

陈瑜　"撑不下去"是指什么?

晚清　我那段时间状态很差,非常差,会莫名其妙地哭,哭完发呆,发呆完了继续哭。作业也要很晚做。每天神神道道。

陈瑜　真的不容易!不过这点你妈做得还是对的。我采访过的好多孩子跟家长说要去看心理医生,但家长不承认或者不接受孩子有心理问题。

晚清　我妈其实也不愿意相信我有问题,只是我实在不对劲了,她没办法了才带我去的。我妈总是自我麻痹,说我只是青春期到了。

陈瑜　的确很多家长都这么看待孩子的问题。

晚清　搞得我很烦,哪有小孩子青春期会是这个鬼样子!

陈瑜　是啊,真的是因为碰到大麻烦,心理有问题了。

晚清　对。我换过一家医院。第一家医院,我非常诚实地作答,所以医生诊断我病情很严重;后面一家,我烦了,就跟医生说我啥都很好,然后医生就跟我妈说我只是到了青春期。我妈就天天叨叨之前那家医院不行,把我说得太严重了,医术不好啥的。我服了,她只会自我麻痹,永远都不会直面问题,只会逃避。

陈瑜　那为什么要换医院呢?

晚清　是我们学校的心理老师建议我妈换的,说这家医院蛮好的,

　　　　我可以试试。出发点很好，就是苦了我。
陈瑜　现在自行停药了？
晚清　我跟医生说我好了，就没去看了，也不用吃药了。
陈瑜　理论上不要自行停药。现在状态如何？
晚清　说不上好吧，比较颓废，起伏很大，因为我是抑郁症转双相情感障碍的，估计现在还是。
陈瑜　还是要继续服药的。
晚清　我现在已经无所谓了，能好就好，不能好就算了，反正也这样了，能过一天是一天吧。

- 3 -

陈瑜　咱们一天天总不要过得太难受吧。
晚清　我真的不想看医生了，好累好烦。最主要是我爸妈基本不会做出改变，他们只会在看完医生后质问我："为什么会这样？"
陈瑜　你希望爸妈做出什么改变？
晚清　我真的很希望他们能了解事情原委之后再来跟我交流！每次他们没了解完，就把责任推给我，我跟他们解释，他们不听。
陈瑜　能举个例子吗？
晚清　我手机不用的时候耗电也很快，但我爸非认为是我半夜偷偷玩了，所以电量才耗尽的。我跟他说了我没有玩，他还说我撒谎。

陈瑜　嗯，不太信任你。

晚清　对，真的很崩溃，不管我怎么解释，他们都不听。

我觉得他们更相信老师这种权威的存在，而不愿意相信我。或者某个人做的事很恶劣，但只要他的角色是老师，我爸妈就能找各种理由为他开脱。

我班主任骂我们班一个学生妈妈死了，虽然骂的不是我，但我觉得这么骂人太过了。我就跟我妈说这样子不好，结果我妈就说老师肯定有他的原因。

我完全没有办法理解，都上升到人身攻击了，怎么会是有原因就解释得了的！

陈瑜　的确，老师这么说学生，对学生是有伤害的。

晚清　对啊，但是我妈就是找理由。

陈瑜　所以就觉得跟爸爸妈妈说不到一起，他们很难理解你的感受和想法？

晚清　对。而且可能是我自己的原因，我甚至没办法感受到他们的爱。

陈瑜　小时候能感受到他们的爱吗？

晚清　也不能。小时候我对我爸没什么太大的印象，貌似他没干啥，主要是我妈带我。我妈就很极端，甚至有点神经质，脾气来得莫名其妙，然后往我这撒，一发脾气就咬牙切齿，声音很大，语气很冲。

我完全没有办法让自己不去想小时候很痛苦的事情。小时候，我搬个椅子想帮妈妈洗菜，当时我很矮，只能勉强碰到水盆。我妈想让我离开，就把我的头按在水盆里。
　　我心理上病得很重的时候，就跟她说我真的好累，没有活下去的动力了。她估计也烦了，就对我说："那你去死好了！"

陈瑜　她发脾气，你是什么反应呢？

晚清　我以前保持沉默，但我发现根本没用，就慢慢开始跟她吵，然后越吵越凶。

陈瑜　吵有用吗？

晚清　我觉得有用，只有吵才能让她了解我心里想什么，要不然她不当回事。

- 4 -

晚清　我小时候被猥亵了也不敢说。那时候还蛮小的，八九岁的样子吧，什么都不懂。
　　我妈对我的性教育很晚，想到以前发生的事就很恶心，现在非常恐惧异性碰我。

陈瑜　发生这件事，你当时是什么感受？

晚清　很不舒服，但我不知道他在干什么，也没有拒绝。

陈瑜　回家没跟爸爸妈妈说？

晚清　没有，他让我不要说出去。

陈瑜　这件事在你心里，其实蛮难消化的是吧？

晚清　对，想起来我就想吐。后来穿裙子出去玩，被人盯着看时，我就会觉得恶心。

回去之后我很生气地骂那人，结果我父母对于我被盯着看一点反应也没有，只是说我为什么不离他远点。甚至我爸还说："你不盯着别人，怎么知道别人盯着你？"我瞬间绝望了！

陈瑜 他们不站在你这边。

晚清 对，太恶心了！

有一次出去玩泼水游戏，游戏结束了，那个猥亵我的男生还把一瓶水浇在我头上。我当时尖叫一声，结果我妈管都不管，反而骂我，死死地拽着我的手臂回家。我的手臂都淤青了。

陈瑜 感觉每次你被欺负，你爸妈都习惯性地怪罪你。

晚清 是的。我爸妈属于典型的受害者有罪论，我被欺负了告诉他们，他们只会说"一个巴掌拍不响"。我现在想想好生气，他们根本就不爱我！

我妈做妈妈做得很突然，她未婚先孕，这也意味着她都没有学习怎么做一个妈妈。我觉得她就是一个不合格的妈妈。

陈瑜 你理想的妈妈是什么样的？

晚清 我觉得我的要求已经很低了，只要不把脾气撒到我身上，不要对孩子进行"有罪推定"就行了。

我都怕了。

陈瑜 记忆中，你得到过爸爸妈妈的认同和支持吗？

晚清 很少很少。现在就算他们认同我，我也觉得太假了。我觉得他们很可笑，在我需要的时候他们死活不给；现在我不需要了,他们假惺惺地跑过来。

我很反感我妈这样子。

陈瑜　你怎么判断她是假惺惺的呢?

晚清　语气吧。就算她是真的,我也觉得假。

陈瑜　妈妈要怎么做,才能让你觉得她是真的转变了?

晚清　别说出来吧,什么"我已经改变了"这类话,我觉得她在应付我。

说得再极端点,就算她再怎么改变,我都不会原谅她,我甚至很期望她更恶劣,把我逼死了,她一辈子活在内疚里。

陈瑜　你想用自毁的方式来报复他们?

晚清　对,我觉得他们活该,这是他们欠我的!

陈瑜　这也是你现在不再吃药的原因之一吗?

晚清　一部分是吧。

- 5 -

陈瑜　你在学校有好朋友吗?

晚清　有的,有个女生跟我关系很好,即使她不说,我也能感受到她还是蛮在意我的。

陈瑜　你在父母这边感受不到情感,在学校里有一个情感的寄托,其实挺好的。

晚清　是的,我可能太缺爱了,就很依赖朋友。

我现在很期盼和朋友一起出去玩,有了期盼的事,生命也变得重要了。

陈瑜　是的，所谓的希望、盼头。

我有一点点担心的是，你会在那个女孩身上投注很大的感情和期待，但两个人总归会有一些小摩擦，那个时候你会很受伤、很绝望。

晚清　我觉得我还好吧，我也知道我不可能全靠别人活下去。没了某个人就要死要活的，我觉得还挺蠢的。

陈瑜　嗯嗯，你这么想挺好的。

你一路长大，也真是不容易啊！

晚清　我朋友说，我活下来就是个奇迹。我觉得我已经很坚强了。

陈瑜　你生命力很顽强的。

晚清　其实我也是这么认为的。

陈瑜　今天怎么会想加我微信的？

晚清　我看完了《少年发声》，看到结尾的时候，发现可以加微信和您聊聊，于是抱着试试看的态度来的。

陈瑜　你发"救救我"，我就特别紧张。

晚清　因为我真的很难受了，我每次碰到的医生都不愿意听我说完话。甚至我跟他们倾吐心事的时候，他们在笑，觉得我很搞笑。

这很不尊重人，我真的很难受。

陈瑜　我的体会是，别因为孩子年龄小，就把孩子说的不当一回事。

晚清　我真的很少碰到这样的大人，很感动，真的很谢谢您……

陈默老师

点评分析

晚清的心理问题比较严重，她的成长经历中是有创伤的。对于孩子小时候的创伤，家长很容易疏忽，一方面是因为没有经验，另一方面是因为没有重视。

孩子小的时候，遭遇过猥亵等行为，实际上对其将来成长会有非常不利的影响，如果没有帮她处理好，往往会给她留下阴影。有过这类遭遇的孩子，到了青春期以后，通常会容易出现心理上的疾病。

这要引起家长的重视。你的孩子，不管是男孩还是女孩，在成长过程中，都要对他们进行性保护教育。我们现在的性教育，在家庭中是很薄弱的。有些父母希望学校来做，而有些学校做了性教育，父母却要提意见，觉得学校讲得过头了。所以性教育就变成了一个难题，学校没有很好地开展，家庭也没有教育的能力。

这个案例要提请家长注意，实际上在孩子小时候，最好是在幼儿园时期,就对他进行性教育,包括性的卫生、安全、保护等内容。这样当孩子到了小学和初中,就会有意识地保护自己。

晚清显然小时候欠缺这方面的教育,到了初中以后,她把社会上的不良作风告诉家长,家长还是后知后觉,可见家长在这方面有多么迟钝,也可见在家庭教育当中,这部分多么缺失。

孩子对父母有很大的不满,是因为当他遇到困难需要父母保护、支持的时候,实际上却没有得到。得不到的话,孩子肯定会跟父母在态度、语言方面起冲突。人与人之间的关系是相互的,孩子跟父母起冲突,父母也会跟孩子起冲突,这样互相攻击的循环,会使孩子对父母产生更大的反感,就像这个案例所呈现的那样。

这类孩子在跟父母互动的过程中,会变得比其他孩子更加敏感,当父母说一句负面性的话,或带有辱骂性的话,孩子就会印象深刻,反应也会很强烈。一路成长过来积累了很多对父母负面情绪的感受,慢慢就会形成心理疾病,到了青春期以后,就暴露出来,发展成严重的心理疾病。

所以,提醒各位家长,在家庭教育过程中,千万不要忽视对孩子的性教育。如果孩子在青春期反映出来各种各样的心理问题,你不要一味认为只是青春期问题、是青春期的逆反现象,有可能暗含的问题很严重。

问题一旦被评估清楚,父母一定要采取保护孩子的措施,把他当作成长中有困难的人来支持他、照顾他,帮他渡过难关。按医嘱吃药,同心理咨询师进行谈话性的心理治疗,这样能帮助孩子从困境中走出来。同时,父母在孩子治疗的过程中,也要努力与孩子恢复应有的亲子关系。

No.

———

13

长期失眠、不想上学,
但他什么都不敢告诉妈妈……

小B／男／初二／河南

概况：抑郁倾向。

失眠、情绪低落，但又找不出原因，想要确认自己是不是得了抑郁症。

我们一般会建议家长，如果在之前教养孩子的过程中，有些说法和做法对他们造成了伤害，那么请向孩子诚恳地道歉。

但小B的困扰是，妈妈向他表达歉意后，他依然不敢与她分享他的心事，包括长期的失眠、学习没有动力、融入不了新集体。不是不能原谅妈妈，而是担心她会因为他的状况自责、有压力，甚至"做出什么不好的事来"。

小B找我想要确认一件事，就是自己到底是不是抑郁症，但他反复提醒我，不能让他爸爸妈妈知道……

陈瑜　失眠多久了？

小 B　很久了，转学之后，问题彻底爆发，有半年了。

陈瑜　每天晚上大约能睡多少个小时？

小 B　大部分时候基本上都只睡 4 个小时，就胡思乱想，很难睡着。每次睡着都是实在困得挺不住了自然睡去，而不是想睡觉睡过去的。

每天还要上学，就必须起得很早。双休日会好一点，但是起得就很晚了。

陈瑜　白天上学，会不会昏昏沉沉的？

小 B　会，犯困。我基本上课的时候都不咋认真听，重点的记两笔，上课跟不上课没啥区别。

陈瑜　这半年成绩有比较明显的下降吗？

小 B　有吧，肯定是有的。

陈瑜　自己着急吗？

小 B　挺着急的，但不能算是特别着急，因为我一直就不喜欢学习。

陈瑜　除了睡眠，情绪状态如何？会不会很低落，什么事都不想做？

小 B　有吧，我对很多事不感兴趣，情绪的话还好，不会特别低落，晚上的时候会有一点。

陈瑜　很想确认自己是不是抑郁了？

小 B　嗯，因为不能老是耗着。我想去验证这个事情，要考虑真的是这样的话，我该怎么面对我的家人。

感觉现在自身这个状态对他们影响也很大，我爸妈因为这个失眠，工作也受到了影响。我妈 5 月份还要参加心理咨询师的考试，我就不想因为我自己的事情对他们有很大的影响。

总感觉我自己知道了之后，会比不知道要好，也比瞎猜会好很多，有个准信就可以有个准备，不管什么样也能更好地去面对。

陈瑜 如果是抑郁症的话，你怎么去面对？如果不是的话，你又怎么面对？

小B 不是的话，让自己慢慢调整；是的话，就考虑和他们说一说，该怎么弄就怎么弄。

- 2 -

陈瑜 你说转学后，问题爆发了。当时为什么转学？

小B 这个学校离我家更近，也方便我田径训练，之前家里来回接送我不方便。

但是过来之后，就不是特别喜欢这个学校，感觉不好融入群体，跟新同学之间有些隔阂。他们聊的话题很没有意思，我都参与不进去，基本上和他们交流很少。

陈瑜 隔阂是什么原因呢？

小B 我也不知道怎么说，就感觉融入不了。

陈瑜 你在前一个学校，有朋友圈吗？

小B 有，和他们相处得非常好，我转学之后还请他们一起吃了顿饭。

陈瑜　也就是说你也不是那种特别不爱说话、交朋友一直有困难的孩子，是吧？

小B　对。我尝试过主动结交新同学，但很少。进新学校的时候就感觉有些拘谨，因为也很不熟悉，有些不适应。

两个学校氛围都不一样，这个学校管得比较多，自由度很低。举个例子，有一次中午吃完饭，我和同学在大门口聊天，就为这种事，班主任就说了我一顿。还有很多，比如课间在楼道里同学们说话声音比较大，被年级主任看见了也会被说。老师还对"班分"这种东西非常重视，整个班的人好像就为争取这个东西而活一样。

整个环境就感觉非常不舒服，人变得很虚伪，在老师面前一套，在同学面前一套，很多事情不能摆到明面上，让人很难受。但是我以前跟别人相处就很单纯，该怎么样就怎么样。

- 3 -

陈瑜　这种不舒服的感觉，有跟爸爸妈妈说吗？

小B　很少吧，因为他们不是很信任我，所以很多事不敢和他们讲，讲了之后害怕他们不认同或生气。然后他们现在学心理学，我感觉他们对很多事就有些自责，我也不想给他们增加压力，就没有说过。

陈瑜　你以前跟他们说你的事情时，他们的反应都不太理想吗？

小 B　从我三年级开始，家庭氛围就不是特别好，总是因为考试这些事情吵架。从那时候开始，我就很少跟他们说我自己的事情了，很少对他们讲学校里发生的事，基本上都是我自己去处理。

陈瑜　你觉得说了以后会给你带来什么？

小 B　说了以后，他们老是问东问西的。举个例子，有一次我和同学去买东西，一个店员看我们是年纪不大的孩子，就区别对待。我们俩不是很高兴，然后恶意地报复了一下。我们干的事情也不大光彩，就是买了一大堆东西，她扫码扫完了一遍之后，我们又全都不要了，走了，呵呵。店员也很不高兴，拿着东西追出来，和我俩对骂。

我跟我爸爸妈妈讲了，这事也道过歉了，本该结束了，但他们就跟我说这说那的。我总感觉把事情告诉他们之后，他们会把事情变得很麻烦，还会对我指指点点。

陈瑜　当时把这事告诉爸爸妈妈，你期待的反应是什么？

小 B　他们知道就可以了，想说的话说说也行，但我不喜欢有人对我做的事情进行指责。而且很多事情我自己弄完了，他们问东问西，然后对我的做法表示否定，我整个人就很不高兴。以后他们再问的话，我就讲讲，如果他们不问，我基本上就不说了，自己该怎么弄怎么弄就行了。

陈瑜　从你刚才说的这事，我也听出是孩子的恶作剧，有一些好玩的因素，是不是这也是你想跟他们分享的部分？

小 B　对，因为店员对我们态度很不公平，我们报复她一下，我感觉是很有意思的一件事，让他们当笑话听一听就行了。但他们就对我指指点点，就感觉像热脸贴冷屁股，很不舒服。因为很多之前的事情，我的脾气非常暴躁，非常像火药桶，一点就炸，我不喜欢别人说我。

这和我妈妈有关系。我小时候学习方面一直不是很理想，语文、英语学得不是特别好，每次写作业，我的习惯和我妈妈认为正确的习惯有很大的冲突，然后她每次就会生气，我考试不好的时候她也会打我或者骂我，给我留下一些心理阴影。她每次这样弄我，我很害怕，然后脾气变得很暴躁。

以前我们吵架，我都听着，现在我们要吵架的话，我有可能会跟她顶嘴。

陈瑜 你说你暴躁，最激烈到什么程度？

小B 现在我很少很少吵架，即使吵架，我心情也会比较平静，因为我感觉他们现在对之前的行为挺自责的。我也害怕，我想维持现状，不想去改变。

我不喜欢别人冤枉我，他们把问题强加到我身上、我解释他们不听的时候，我会非常生气，比如说会离家出走或者动手摔东西，但这样的情况很少。

有的时候，他们自己说的事没记住或者记错了，我告诉他们，他们不相信，每次就会感觉什么事都要往我身上赖一样。我不喜欢这种感觉，不喜欢忍受这种事，然后就和他们吵架，导致我的脾气就会比较不好。

现在基本上惹急了，就回自己屋里，憋屈憋屈就好了，该干啥干啥，或者出去和同学聊聊天，一起讲一讲，吐吐槽。

　　　　我感觉我这个人，很多事情过去了就没什么事了，过段时间自己气消了也就好了。

陈瑜　你也真不容易，自己化解自己的情绪。

小B　父母他们也不容易，我就害怕发生什么不好的事情。我基本上能不说就不说吧，因为我妈这个人比较感性，有时候吵架说出来恶意的话，她自己就会难受很长时间。我基本上就不会跟她说，不会去找他们了。

- 4 -

陈瑜　你一直在强调现在状态会有一些变化，这个变化是从什么时候开始的？

小B　差不多上初一之后，变化就比较明显，因为上初中后我独立性高了，就很自主了。
　　　　我妈妈大概在我六年级的时候开始学心理学，因为她看出来有很多事情我不愿意跟他们说，我也不是很善于隐藏的一个人。

陈瑜　什么事情会让他们自责？

小B　总感觉他们觉得我现在这个状态是他们逼出来的，我也不好跟他们说什么，要说了，假如他们陷入死胡同，那就不好了。

陈瑜　你为什么那么害怕他们自责呢？

小B　我害怕我的事情伤害到他们，因为我妈妈自我感觉对我亏欠得很多，我就害怕她会做出来什么过激的行为，伤害自己，影响我们家。我也说不清楚她到底会做出来什么不好的事情，但是我就是害怕我的事情激到她。

所以现在这个事情，我都没有跟他们说，我就想找一个人说一说。

陈瑜　我之前采访的一些孩子，恨不得把所有责任都推到爸爸妈妈身上……

小 B　我感觉要是把所有错误归结于他们，一是很不真实，也不可能，然后呢，我感觉我自己也做不到。我发现很多事，我自己是有错误的，所以很多时候，我感觉我一个人承受下去，不影响他们，就挺好的，要是让他们为我担心的话，我自己心里会很过意不去。

陈瑜　虽然自己目前的状态不是特别理想，但是你心里还是一直很顾着爸爸妈妈的。

小 B　对，我自身很不舒服，我身边同学有抑郁症的人非常多，至少也有五六个，他们和我关系也都很不错。他们的一些经历，导致父母发生了一些事情，我就不想让这种不好的情况出现在我们家里。

陈瑜　朋友的抑郁状态，对你有影响吗？

小 B　要不是朋友之间关系很好，正常人可能看不出来他们有抑郁症。很多人都是默默地，很难表达出来。我们经常一起出去玩，就会聊到。

我现在有那种抑郁的倾向，不想让爸爸妈妈知道，如果他们知道了，不知道会怎么说。

陈瑜　不去跟爸爸妈妈说，你觉得自己有解决的能力吗？

小 B　我也感觉自己没有解决的能力，但我也不知道怎么跟他们去交流这个事情。我都不知道怎么跟他们说我感觉自己有抑郁症，我怕说出来他们也不信。

陈瑜　你失眠的事，爸爸妈妈一点都不知道吗？

小B　他们知道，因为我晚上不睡觉的话，灯是开着的，关着灯的话，我心里也不舒服。他们有时候晚上起来上厕所看到了，是知道的，但是我会把门锁住，他们也进不来，就回自己屋了。

陈瑜　他们一定会问："你怎么这么晚还不睡觉？"你怎么回答呢？

小B　基本上都是说睡不着。

陈瑜　虽然你没有跟爸爸妈妈说特别多，但是他们在边上看着，也是挺操心的，对吧？

小B　对，但是我也不知道怎么开口跟他们说我想去检查。

陈瑜　比如说"我最近有一阵子一直睡不着，你们能带我去看一看吗？"这句话，说出来的难度在哪里呢？

小B　我害怕他们有什么压力，也害怕他们不太认同，会随便找个理由拒绝我。我就害怕这种事。

陈瑜　这半年基本上就你一个人扛着。

小B　对，差不多吧，然后就是想来问一问有没有什么好的方法。

陈瑜　我们聊对策之前，我想再问一下，我处处感受到你一直很担心妈妈的状态，这是出于什么原因？

小 B 我最大的烦恼还是跟爸爸妈妈的关系。虽然我和我妈妈关系还是很好的，但现在这样，我自己很不舒服，很担心我的事情影响家里人，让我父母也很不舒服，没法认真地对待生活，一个人牵连了一家人。

陈瑜 通常来说，大人担心小孩，但在你们家好像你担心他们比较多。

小 B 他们也挺担心我的，因为他们对我很担心，也很操心，所以我不能去影响他们，我感觉影响他们挺不好的。

陈瑜 你现在状态不好，爸爸妈妈都把责任揽在自己身上，觉得是自己当年做错了，使得你变成目前这样，是这样吗？

小 B 对，对。我这种人界线很分明，有他们的责任，也有我自己的责任。要说全都是我的错，我会很生气，要说全是他们的错，我也会很过意不去。

陈瑜 哪些是你的错？

小 B 我也不知道吧，反正很多事是因我而起的，我就感觉我不应该去挑起这些事，也不应该去说一些很重的话，有时候自己反应比较过激吧。

总之，你要说吵架，我一个人吵不起来，但我自己肯定有责任，他们不应该把所有责任揽在自己身上。

陈瑜 你不想让他们内疚，不想让他们担心，你认为之前的一些冲突，你也有一些做得不对的地方，这些话你有跟他们说过吗？

小 B 说过，但感觉他们很不放在心上，算是不认同吧，就感觉好像他们什么都知道一样。

陈瑜　这其实蛮有意思的：当年他们指责你，你说的话他们听不进去；今天你告诉他们"没有事的"，他们也听不进去，是吧？

小B　对。

陈瑜　你们全家有互相能够听进去对方说话的时刻吗？

小B　很少吧，我很少和他们交流。我爸妈的性子，还有我的性子，都比较拧，自己认定的东西很难去改变。只能改变自己，改变别人很难。

陈瑜　你跟爸爸妈妈的沟通比较少，但听起来你又是挺关心、挺爱你爸爸妈妈的，你们的感情还是挺深的，是吗？

小B　对。

陈瑜　很多孩子跟家长沟通很少，觉得爸爸妈妈不爱自己，自己也不爱他们，为什么你们底层的爱没有被破坏？

小B　因为他们很关心我，我也能感受到他们对我的关心，然后我也就会很关心他们。

陈瑜　你从什么地方能感受到他们对你的关心？

小B　我们在有些沟通的时候，会说出来的。有时候我提一些要求，他们会反常地答应，好像是他们对我的一种弥补，但我感觉会给家庭带来很多经济上的压力，我自己也很不舒服。

所以，我挺关心他们的，他们也挺关心我的。

陈瑜　你很懂事。

小B　还好吧。

- 6 -

陈瑜　你现在还正常上学吗?

小B　这几天我不想去学校,就赖在家里,前一段基本在学校。

陈瑜　为什么这两天不想去学校?

小B　我也不知道,单纯地不想去,突然间就不想去了。

陈瑜　白天干啥呢?

小B　在家里打打游戏、看看小说,下午学校把作业发过来了,我就写写作业。

陈瑜　你是想短暂地让自己缓一缓?

小B　我也不知道自己想在家里待多久。

陈瑜　不去学校的话,会担心成绩降下来吗?

小B　还好,但我担心的是学籍。因为我这样做,只是自己跟老师说了一声,也没有任何理由。

陈瑜　那在家里是你所期待的舒服的状态,还是说其实心里也不踏实?

小B　肯定心里不是很踏实,但是又感觉没有去学校的那种压力了。

陈瑜　去学校有什么压力?

小B　上课来自老师的压力,同学挺无聊的,也融入不了。但我也不可能回到原来的学校,训练、接送很多事情会很不方便。而且即便我提出这种要求,他们也很难去做。

陈瑜　但是你也不知道这一轮你希望在家里缓多久?

小B 对,但我不可能真的就不去上学了。

陈瑜 你觉得到什么状态,算是调整得差不多了?

小B 我也不知道,现在基本上就一直都是抑郁的状态,我也不知道哪种状态感觉算是正常了。

陈瑜 你一直很希望爸爸妈妈不要为你的事操心,但反过来如果你不跟他们去沟通你遇到的问题,可能作为一个孩子,你还真的挺难自己解决的,你没有那么多的资源。

小B 对。

陈瑜 你就会困在一个局里,自己的状态没有调整好,爸爸妈妈也不知道该怎么帮你。不是说你不跟他们说,他们就不操心了,反倒是因为你不说,他们会变得更加手足无措。

小B 对。

陈瑜 所以我比较建议你和爸爸妈妈非常开诚布公地聊一次。

小B 嗯。

陈瑜 我可以帮你做一件事,把我们的对谈整理出来,并且跟你妈妈聊一次,帮你搭一个沟通的桥梁。之后,你和爸爸妈妈好好地沟通一次,明确告诉他们你的感受和你的需求,你希望他们给到你什么帮助,让他们根据你的需要来配合你、支持你。

小B 好。

陈默老师

点评分析

　　有些孩子到了青春期会有一些特定的反应，比如爱无病呻吟，容易情绪低落，总是"为赋新词强说愁"。你让他详细描述他经历过什么创伤性的事件，他说不出来，但是他告诉你，他有一种莫名其妙的伤感。

　　小 B 心里伤感，自己觉得有抑郁倾向，想告诉别人，只不过他不想让父母为自己担心。

　　他说班级同学有这种抑郁状态的也不少，那么同学之间会不会互相影响呢？会的，青少年很容易受同伴的影响。

　　现在青少年普遍要承受学习上的压力，孩子有时候是没办法言说的，为什么？因为所有人都在承受，他怎么好特别跟父母表明自己的压力呢？难道他不应该受这个压力吗？所以，孩子如果真真切切感受到压力，自己已经难以支撑和承受了，他就容易陷入抑郁状态。

小B实际上是处于抑郁状态里，青春期的孩子有时候莫名其妙就会有抑郁的倾向。青春期是抑郁高发期，这要引起家长和老师的注意。我们在孩子进入青春期之后，要照顾好、保护好他们的心理健康。我们大人心里要清楚，学习压力是没有办法摆脱的，所以平时在家里，就不要再给他们增加学习上的负担了。

所谓的负担是什么呢？就是作为家长，在家里一天到晚跟孩子讨论学习。一个家庭讨论孩子学习的话题越多，这个孩子承受的心理压力就越大。所以，家长要经常跟他谈天说地、随便聊聊，这种沟通是非常有必要的，不要嘴巴一张就讲学习，孩子会极其反感和排斥。

家长要聪明地意识到，与青春期孩子交流的内容，最好是避开孩子本身的内容。其实我们跟青春期孩子有很多可讲的东西。不要小看青春期的孩子，什么都可以和他们聊聊。你可能会很吃惊，他们的有些思考未必比成年人幼稚，他们只不过是行动力差一点。

家长可以把孩子当作一个很好的沟通和交流对象，不要让孩子一直承担着从学校里带回来的压力，避免他们产生抑郁倾向。

学校老师，特别是初高中的心理老师，也可以开展一些心理健康的教育，让所有青春期的孩子知道，在他们这个年龄，情绪波动是比较大的，有可能出现无病呻吟、自认为抑郁的现象，也可以教教这些孩子如何调整自己，尽快地摆脱抑郁情绪。

No.
―
14

强迫症,

差点把学霸乖乖女逼疯了……

桃李／女／自学生／广东

概况：强迫症，曾多次休学。

父母和老师的要求分外严格，从小不敢犯任何错误，学习成绩名列前茅。被强迫症折磨到痛苦不堪，但也从来没有放弃过自救。

桃李五六年级开始就有强迫症状，前后复发过三次，到后来只能休学，甚至发展到连走路都得指挥着自己的脚往前迈，按她的话说，"都已经不是自己了……差一点就疯了"。

她从小是典型的乖乖女，听大人的话，常常考100分，在当地顶尖的学校读书，从不敢犯任何错误。

问题就出在"不敢犯任何错误"上，这个观念把她一步步拽入旋涡。

桃李说："我痛苦的来源更多的可能并不是这个病本身，而是父母对我的不理解。"家人成了和疾病一样可怕的大山，乖乖女忍无可忍，开始回击母亲，歇斯底里。

有一天，她在一档综艺节目里听到一个说法："人是可以犯错的。"她如梦初醒，开始松动。

这个女孩有惊人的意志力,她踏上了自救之旅……

- 1 -

桃李　我两岁进幼儿园,长得特别矮,好欺负,又很乖,被男孩子打耳光。印象中老师好像也不喜欢我,经常说我。小班开学第一天,可能老师叮嘱过家长要穿园服,但奶奶给我穿了一件很漂亮的衣服,老师就批评我了,瞪着眼睛骂我。老师的眼睛很大,也挺凶的。

陈瑜　受了委屈,回去跟爸爸妈妈说了吗?

桃李　说了,但是不管用,后来我慢慢地就不说了,自己扛着。

陈瑜　这段经历对你读小学有什么影响吗?

桃李　从小埋下了争强好胜的心,幼儿园可能憋着了,小学就想表现得好一点,考试拿第一名,想要得到老师的关注。

陈瑜　之后一路成绩都很好?

桃李　对,都很好,班里前三。

其实我觉得我五六年级就已经有一点强迫心理了,那时候还不算疾病。

可能是我丢水壶引起的,我老丢,我妈就老说我。我会使劲回想水壶到底放哪里了,养成了一种追求完美的心理。我不能容忍自己犯任何错误,一点点错误都不行。

陈瑜　如果犯了错,会怎样呢?

桃李 被妈妈骂,我会很伤心、很委屈,然后拼命回想丢在哪里了。感觉这种习惯慢慢就养成了,有时候可能要下意识地看一下某个东西有没有丢。

陈瑜 妈妈是一个追求完美的人吗?

桃李 她自己可能不算,但会让我追求完美。

我 4 岁开始弹电子琴,如果弹错一个音,她就用筷子敲一下我的手。还不是我已经完全练熟了,弹错她才敲一下,而是在我练习弹的时候,她就敲,不容许我犯错。

我一开始就忍,忍到最后就哭,哭到最后就发脾气。练琴对我来说是一件很不开心的事情。

陈瑜 五六年级有强迫思维之后,对你的生活有什么影响吗?

桃李 那时候还没有。

上初一之前,我偶然看了一本书,书上说了上初中该怎么学习:要像过电影一样把老师上课讲的都记一遍。

初一语文课,我觉得老师讲的都很重要,会全部都回忆一遍,包括老师的语气。那个时候其实是有点病态的,我在语文上每天要花两小时,坐着想。

陈瑜 如果不去做,会怎样呢?

桃李 就会有焦虑的感觉。我那时没听过"强迫症"这个词,对心理学还不是很了解,得这种病的人也少,我也不知道自己这样是一种病态,但是我就是这么做了。

陈瑜 当时内心有压力吗?还是觉得自己这是在温习?

桃李 我觉得我在温习,但是我会有压力,害怕漏掉一丝一毫的内容,我要完美的、一点一滴都不放过的、全部都记住的这种感觉。如果记不住，就会感到恐惧。

陈瑜　怎么确认一丝一毫都没漏呢？

桃李　我要回忆好几遍，作业每天可能都要做到 11 点多。
　　　我潜意识好像有一种羞愧感，就没有把这个情况告诉我妈。

陈瑜　为什么会有羞愧感？

桃李　可能觉得这样有点不太对，但是又觉得好像我必须这么做。

陈瑜　还是用小时候的模式，就自己闷着了？

桃李　我只跟我妈分享开心的事情，不高兴的事情就自己藏着了。

- 2 -

陈瑜　后来情况有变得越来越严重吗？

桃李　我初一参加李阳疯狂英语培训，当时丢了很重要的点读机，吓了一身冷汗，后来去找的时候发现它还在。
　　　之后我脑子里老是想东西在不在，老是要去书包里找，确认所有的东西都在，如果不找我就很难受，但找了一遍我又不确定，还要去找，可能就没法好好听课。
　　　那个时候，真正的疾病就开始了。

陈瑜　已经影响到你的学习了。

桃李　对。

陈瑜　你怎么处理这个状况的？

桃李　我不敢告诉父母，就觉得自己好像有点病了，有点怪怪的。

这个阶段持续了整个初一，差不多到初二寒假。

陈瑜　到后来有没有扛不住的感觉？

桃李　有一点，但是我又很恐惧，我很害怕告诉父母，总是觉得如果告诉了他们，他们就会不要我了。

陈瑜　你会有这样的担心？

桃李　对，我担心我得了病，成绩下降了，他们就不要我了。

陈瑜　他们以前透露过这样的信息吗？如果不够完美，就不配做他们的孩子？

桃李　没有，我也不知道这个想法是从哪里来的，但是我自己老是会这么想，就很担心，不敢告诉他们。

可能我自己觉得成绩是我唯一拥有的东西，潜意识觉得如果我失去了这个东西，我就什么都没有了，他们就会不爱我了。我有这样一种感觉，我也觉得很奇怪。

陈瑜　我采访过一些"学霸"，好多都有这样的想法，觉得成绩是个人价值的体现，如果成绩不够好了，"我就一无是处，我就是垃圾"。

陈瑜　熬到什么时候告诉爸爸妈妈了？

桃李　初二，我哭着告诉我妈妈了。妈妈安慰我说，她不会不要我，会陪着我的。

陈瑜　你听了什么感受？

桃李　她这么说，我稍微放心了些，那段时间学习好像就好了，焦虑没有那么严重了，但它还是一直在的，而且从语文蔓延到了别的学科。因为我没有那么多时间，学科也增多了，所以它的模式慢慢变成不回忆语气，只回忆知识点。

还有就是检查笔盖，或者检查这一页的题有没有全部做了，一直看到页码旁的空白处，要再三确认。

陈瑜　每天搞到几点睡觉？

桃李　12点吧。因为有这个毛病，其实我是做不完作业的，老师不检查的作业，我就不做了。

陈瑜　有没有办法说服自己，先把作业做完了，再来搞这些重复性的事情？

桃李　不行的，它伴随在做作业的过程中。

可能我自学能力比较强，管理得也比较好，知道该做哪些重要的题，把知识点涵盖了就可以。如果我把全部的题都做完的话，睡眠不足耽误第二天听课，可能更加得不偿失。

陈瑜　你成绩依然还可以，是吗？

桃李　挺好的，能排在年级前十几名到三四十名，还考过一次年级第一。

陈瑜　那真是厉害！

桃李　现在想起来还是会有些难受，整个中学阶段受这个病的困扰都在学习，没有更多的时间去看课外书、去拓展。

陈瑜　告诉妈妈后，她有说要带你去医院看一下吗？

桃李　都没有，他们以为安慰几句就好了，好像也没有这个概念说要去看一下。

陈瑜 你爸爸是什么反应？

桃李 我没有告诉爸爸，他可能也不知道。

我跟爸爸关系不太好，我小时候，他会打我，次数比我妈少很多，但打起来很凶，而且他眼睛很大，我就觉得他愤怒的样子特别可怕，就也不怎么跟他说话。

陈瑜 你小时候懂事，成绩也好，他为什么要打你？

桃李 就是性格使然，也不是故意家暴的那种，但有时候就会打我。

陈瑜 小时候被爸爸妈妈打，内心的恐惧还蛮深的？

桃李 我觉得挺深的。

陈瑜 会不会想，"我尽量不要做错事情？"

桃李 会的，会的，会的！

五年级有次数学考试，我一道题被扣了6分。老师瞪我，批评我，她骂人很凶的。虽然我经常得100分，但这次考试十分重要，所以她还是骂了我。

其实我当时一考完，就知道自己错了，整整恐惧了两个星期。我和谁也没有说，就自己扛着。

陈瑜 你周边的人，爸爸、妈妈、老师基本上都不太允许你犯错。

桃李 对！是！

陈瑜 我留意到你三次提到大人的眼睛瞪起来让你很害怕，为什么会特别注意他们的眼睛？

桃李 因为会摄入他们很凶的目光，会很害怕，所以我小时候谨慎、胆小、怕出事、恐惧、担心、忧虑。

陈瑜 你也没有途径和方法去改变？

桃李　我下意识认为，这样是对的，我就不应该出错，也没有想过要去改变。

陈瑜　然后以"我不要出错"来避免所有可能面临的指责。

桃李　对，是的，变成对自己的要求。

- 4 -

陈瑜　你读的高中非常好，有压力吗？

桃李　有的，整个年级都是非常好的学生，我排在中上游。没有这个病的话，应该能更靠前。

第一个学期，这个病又来了，体现在数学课上。我每天很多作业都没法做，因为我觉得回忆和检查更重要。

作业做不完，被老师说，我也不解释，他们可能都觉得我是一个不努力的人，但其实不是的。

陈瑜　那太委屈了！

桃李　我可能习惯了，难受就难受吧。

高一下学期开始，我不仅课后要回忆，上课的时候都在想要把老师讲的全部记下来，我让脑子不要去想，但要控制这种思维，其实是很困难的。

我尽量控制了一个学期，期末考得还不错，但可能压力太大了，一考完就发烧了好几天。

陈瑜　这次有跟妈妈说什么吗？

桃李　也没有。高一下学期能够抗住，成绩也提升了。我的生物特别好,还去参加了生物奥赛。

陈瑜 妈妈在学习上对你有没有额外的要求?

桃李 没有,因为那个学校已经很好了,她也知道我压力很大,我是会对自己有要求的那种人。

陈瑜 自己焦虑吗?

桃李 焦虑,感觉很痛苦。对于有强迫症的人来说,越控制自己不去回忆,心里越会很难受、很难受,觉得空荡荡的,好像缺了什么东西。

后来高二上学期就不行了,可能因为太累,透支了,成绩也不好了,我就告诉了我妈。那时候爸爸也知道了,就去跟学校的心理老师沟通。心理老师就说,我心里住着一个唠叨的妈妈。

陈瑜 你觉得心理老师说的有道理吗?

桃李 也算对吧,我内心会不断对自己提出要求。但其实,她也帮不到我什么,我们直接去了医院,医生给我配了药。

真正吃药要到高三了。一整年都没法去上课,上课的话也没法听进去,昏昏欲睡,我真的是掐自己大腿保持清醒。老师说的,我完全没有精神去理解,有时候强迫自己去听,听了没几分钟就会出一身虚汗,感觉更虚了,好像再怎么坚持、再怎么强打精神,也听不下去了。

我压力很大、很崩溃,上几节课,要回来休息十几天。

这个药让我不再重复回忆,但副作用实在是太强烈了。比如读语文,读了一两句,再读下一句,信息跟前两句根本就连不起来,脑子会"断片"。做物理题、化学题,也是想了前面再想后面,就感觉连不上,非常痛苦。

所有的事情都干不了,处在旋涡里出不来了,变胖、嗜睡、注意力不集中。

我跟我妈两三天就要吵一次,我妈不理解我为什么变成这样子,因为医生告诉她,这个药没什么副作用。她相信医生,不相信我,她不理解我吃了药这么难受,听不进课很焦虑。

我那时有一些奇怪的行为,会怪叫,她会过来掐我,想让我停止,她觉得我不正常。

陈瑜　就像幼儿园时那样,你遭受一些事情,告诉爸爸妈妈,但没有得到你期待的回应。

桃李　对,长大了也依然没有得到什么回应。

- 5 -

桃李　高三我没法跟上老师的复习速度,他们经常要做卷子,我根本没法完成,就靠自己复习。

状态很糟糕,就强迫自己坐在书桌前,能看多少是多少,也只能这样了,要不然还能怎么办?没有别的出路,也没有别的选择。

陈瑜　太难了,设身处地地想,这样备战高考真是太难了!
你那时强迫性的思维还有吗?

桃李　有,它被拦掉了一部分。

陈瑜　这个状态还能复习，得有多强的意志力啊！

桃李　是啊，我意志力还算可以。现在想想当时，也觉得太难了，反正是不堪回首。

那时候很难受，也会自残。两三天就和我妈吵一次，甚至高考的前一天晚上，我们还吵了一架。

陈瑜　你和妈妈那么大的冲突，都是围绕你的状态吗？

桃李　都是因为病。

陈瑜　她越跟你吵，你状态不就越不好了吗？

桃李　是啊！高考我考得是非常糟糕的，因为吃药，做题速度慢，脑子断片，没法思考。但我有一些超常发挥的能力，高三每次考试，我的语文跟英语从来没有写完过作文，高考时我写完了。

陈瑜　基于当时的情况，你还能去参加高考，已经很不可思议了。

桃李　高三这一年真的熬得很不容易，经历了很多绝望的时刻。家人没有理解我、帮到我，而且成了和疾病一样可怕的大山。那一年，自己扛着这一切，就这么撑过来了。

陈瑜　进了大学之后怎样？

桃李　我考到省外学自己喜欢的"中医"专业。我高中时接触到《黄帝内经》，就比较感兴趣，也想自己医治自己。

从大一第一天起，我就没怎么去听课，而是自己看了很多书，比如清代御医写的《四圣心源》。我想要学特别好的东西，现在的教材不行，不是真正的中医处理模式。

陈瑜 又开始自学了？

桃李 可能也是在中学培养的习惯。我政治模拟卷往往能拿满分，因为我自己总结了一套得分点、做题公式。我比较善于摸出一个东西的门道。

陈瑜 其实你好会读书！那会儿身体状况如何？

桃李 可能换了一个环境，基本上就没什么病症了。但大一下学期发生了一件事情。我上厕所时被一个扫厕所的老大爷无意间撞见了，这成了一个刺激源，我就开始没完没了地担心，就复发了。

第二次复发，就老要去检查衣服、裤子有没有穿好，时时刻刻都想去查，可能更严重了一些，后来都是断断续续上学的。

陈瑜 第二次发病，有跟家里说吗？

桃李 有，这次说了，然后我们又开始吵架。我老是问我妈我穿好了没有，她就烦了。

我跟我妈吵架的模式没有变，我的痛苦更多的可能并不是来源于这个病本身，而是源于我妈对我的不理解，或者说她忍受不了这种重复，我觉得很痛苦。

大三时莫名其妙搬了几次宿舍，每次我心里都很不舒服，因为我感觉东西移动了。我必须保持这个东西不动，要不然我老觉得会发生问题。

就有很多原因，我大四休学了，整个人很抑郁。高三和大四是状态最差的时候。

陈瑜 休学那一年,经历了什么?

桃李 我老是跟我妈吵,然后她变得更加暴力。有一次她打我时,我记住了她很可怕的眼神。

陈瑜 吃药了吗?

桃李 没有,因为高三服药给我感觉太不好了。

陈瑜 你跟妈妈争吵,诉求是什么呢?

桃李 我的诉求可能就是希望她能够理解我、接纳我。

我妈受不了我,比如这不能碰、那不能碰,或者"你这句话能不能再多说一遍",或者我有时候走一步要回头看看、检查一下,我们就会发生冲突。

我的很多强迫行为也好、不想她碰我东西也好,有些是没办法的,我本身也不想这么做,我自己也是很痛苦的!她不能理解。

陈瑜 妈妈忍不住打你,让情况雪上加霜了。

桃李 是的。本来我是一个乖小孩,是不会动手的,但是可能忍了太久,被她打得激发出来了。

陈瑜 你会很歇斯底里吗?

桃李 一定会的,因为强迫本身就是很歇斯底里的心理。

陈瑜 妈妈是什么反应?

桃李 妈妈可能会很痛心,也会更加暴怒。她现在回忆,说她当时就怎么也软不下心来,可能也是这么多年了,心肠变硬了。

陈瑜　你们是偶尔发生肢体冲突，还是……？

桃李　经常，一两天一次，有时候可能一天会有一两次甚至两三次。很痛苦。

陈瑜　没有解决的方法吗？

桃李　当时没有。

陈瑜　爸爸是什么角色？

桃李　他有时候也会打我，抓我头发。好像没有人站在我这边，很惨的那种感觉。

自己也觉得很羞耻，也没有告诉亲戚朋友，我们三个人就各自扛着。

陈瑜　妈妈有对强迫症做一些了解，更理解你吗？

桃李　有的，她看了一些心理书，但是我感觉她始终好像心肠有点硬，没法忍受我这种模式、这种行为。

我妈那时进了一个组织，不知道算不算邪教。我就觉得她有点不想要我了，觉得自己被抛弃了，然后也有点害怕她，有点恐惧她。

那时候正好家里要搬家，他们两个搬出去住了，我一个人住在原来的房子里。我那时身体也不好，上厕所洗手要洗好久，我的手一碰到冷水，就想去上厕所。在厕所里45分钟、一个小时甚至一个半小时，我可能都出不来，反反复复。走路都得指挥着自己的脚一步一步往前迈，要不然就没法走路了。

最严重的时候，精神已经有点涣散了，没法很好地合拢在一起，有点快要疯了的那种感觉，有点兜不住了。

陈瑜 这个时候还是自己扛吗?

桃李 对,那一年我听李健在《我是歌手》里唱《贝加尔湖畔》,突然感觉至少自己听那首歌的时候是清醒的,就好一些。

陈瑜 那首歌为什么那么打动你?

桃李 很有艺术的感觉,它能够打动我灵魂深处。可能音乐还有其他艺术,就是有这样的魅力,能疗愈人。

陈瑜 这也是你自我疗愈的方式。

桃李 对,这些年我都是自己摸索。

陈瑜 你一直在自救,无论在学习方面还是在疾病方面。

桃李 有点吧,是这样。

- 8 -

陈瑜 后来怎么一点点走出来的?

桃李 当时看湖南卫视的节目《一年级》,我接收到一个信息,说原来人是可以犯错的!在这之前,我都不知道人原来是可以犯错的。

陈瑜 你这个时候才知道人是可以犯错的?

桃李 对,以前我不管犯了什么错,一点小错也好,大错也好,好像都会受到非常严厉的惩罚,那种惩罚让我害怕到不敢犯任何一点错。我本来什么都要检查,担心牙齿磕着了,担心逗点没有看到……什么都担心,那种思维已经到了一种令人崩溃的状态。

后来知道原来人是可以犯错的，我就给自己画了一条底线，慢慢地底线越来越清晰，就是说我只检查那些最不能犯错的部分，别的都不管了，这样就不用检查那么多东西了。

陈瑜　给自己定的底线是什么呢？

桃李　小时候受过一次性骚扰，可能有伤痕，和性有关的所有事情、想法都不能有，哪怕不小心碰到一个男的都不行。

《贝加尔湖畔》不能让我妈听到，因为感觉它好像是我心中的一块自留地。当时我还偷偷去学了古琴，这也不能让我妈知道。

就粗粗定了一个范围，最开始范围还挺大的，还是有点检查不过来，这些年就一直在缩小，慢慢地自由的空间就变多了。

陈瑜　为什么那些精神领域让你愉悦的东西，不能让你妈知道呢？

桃李　感觉跟她分享之后就不再属于我了。好像别人知道也没关系，但是不能让我妈知道。

陈瑜　你妈知道了，就会破坏它们吗？

桃李　有这样的感觉。

陈瑜　或者说你希望有一块自留地，你自我的一个部分可以生长出来？

桃李　是。

陈瑜　那底线之内的东西，需要你做什么检查呢？

桃李　我要确保这些事情全部都没有发生，比如我有没有不小心哼出一个旋律，担心嘴巴不受自己控制，脑子里稍微想一想旋律，可能都会莫名其妙地担心被我妈听到了。

陈瑜 你怎么做到把底线越拉越高，让检查范围越缩越小呢？

桃李 我跟我妈的关系越来越好之后，那些事情慢慢就变得没有那么重要了，比如古琴，现在已经可以谈论了。

陈瑜 你跟你妈的关系是怎么一点点缓和的？

桃李 虽然是很痛苦的一年，但感觉慢慢治愈了一部分。可以这么说，过上了一种自己想要的生活，去书店买书，听音乐会，买喜欢的衣服，为了买一把油纸伞跑去北京。虽然有时候被病症搞得没法按点吃饭，一直在检查，可能要凌晨两三点、三四点才能睡觉，但还是一边病着一边去努力过自己想要的生活。

那时候知道了李健，不仅喜欢他的歌，还觉得他是一个很会生活的人，就向往那种诗意的生活。因为受到病症的困扰，其实是很痛苦的，但从心里、从灵魂上来说，我应该是很愉悦的，好像黑暗中照进了一束光。

陈瑜 你怎么定义"诗意的生活"？

桃李 其实没有具体的定义，就是做自己喜欢的事情，可能最不能少的一个关键词就是"悠闲"，还有一个词就是"高贵"。人类发展过程中留下那么多宝贵的文明，诗歌、音乐、艺术，就在你的生活里，你应该多接触，让自己进步，丰富自己。它们不像学校里那些很无聊的做题模式啊、知识点啊，后者没有美感可言，也未必能让人顺应社会的需要。但是为什么选拔制度就偏偏只考答题技巧之类的呢？

陈瑜 按下这样一个暂停键，也让你更明白自己想要什么了？

桃李　对，是的，休学这一年，按下了学习的暂停键，知道了自己想要过什么样的日子。我不想过那种一路奔忙的生活：毕业之后找工作，找工作之后结婚，之后生小孩。
感觉那一年找到了自己。

陈瑜　状态变得好一些，然后跟妈妈的关系也有所缓和了？

桃李　我感觉我找到了自己、发明了底线方法之后，可能就不怎么强迫她了。
当中我还有过第三次复发，因为别人的一句话感觉受到了冒犯，可能被刺激到了，又有点神神道道的，要检查。我们两人又打了起来。那时候就开始吃药，药物反应没有那么大，就还行。我妈可能也更加理解我一些，所以我就变得好很多了。
我妈真正的改变，是一个教授来讲佛法时，她有个机会跟他聊了一会儿。我妈想要修行佛法，觉得我会占用她时间，但是教授说："你应该先安顿好你女儿、先安抚你女儿。"然后我妈就开始反省了。
那次聊了之后，一直到现在，我觉得她有变化，挺好的。

- 9 -

陈瑜　你之后是怎么走上自学中医的道路的？

桃李　我大一开始跟师，大二开始学着开药，虽然大二复发后病得也很严重，但是我会强迫自己学习。没法看书，甚至目光很难移动，就逼自己的目光一个字一个字往下跳，每天只看半小时，只看一页，就算脑子杂乱无比，很艰难，我也逼自己坚持下来了。大四休学，我还背了四分之三本的《医学三字经》，读完了《论语》。

因为不能休学两年，所以再回学校之后，就算是恍恍惚惚的，但还是坚持完成了毕业论文，老师也比较照顾我。

陈瑜　毕业后，没直接找工作吧？

桃李　没有，我那个状态也找不了工作，整个人很恍惚，半夜会爬起来骂我妈，跟她吵架，白天待在家里睡觉，饭也不吃。当时身体很虚弱，没有力气，感觉洗个脸都很艰难，洗个澡都费劲，很累。

一旦身体好像好一点，能量就会耗在强迫症上面，没法用在对的地方，什么事情也干不了。而且我越是想去做，就越是做不到。每天幻想睡一觉第二天就全好了，可以自由畅快地学习了，可是醒来还是那么糟糕。

我感觉强迫症比抑郁症更痛苦，我可能会强迫自己做任何事情，无限循环，跳不出来，没有办法顺着正常的思路走，经常好不容易往前迈一小步，很快又卡到死循环里出不来了。

那时候还没有看懂中医书，很焦虑，但是我想，即使看不懂也得每天逼着自己看一点。好在功夫不负有心人，大学毕业之后三个月，我把《四圣心源》的一些诀窍给摸索出来了。我从高三暑假开始看，钻研了差不多5年。我也看其他相关的书，然后自己给自己开方子，也给我妈开。

陈瑜　喝下来感觉怎么样?

桃李　感觉挺好的,因为有山西老中医的指导。目前我有一个师承制的老师,一周会跟着他出诊三个上午。

我现在没有工作,义诊不收钱,但病人有时候会送我茶叶什么的。我治好了很多人,我妈 20 多年的失眠被我治好了,我还用纯中医疗法治好了一个甲亢患者。我妈以前很多同事都成了我的病人,我爸很多亲戚都来找我看病。我能有这样的成绩,他们也觉得很骄傲,他们对我的未来至少是放心了。

陈瑜　你对未来的从医之路有什么打算?

桃李　考到资格证,以后开一家医馆,再远的话可能等我老一些,希望把我的思想编成一本小册子,教给更多的人。一般传统上会觉得你这个病吃什么方子、那个病吃什么方子,但我整合前人的理论,灵活自由选择药来组方,而不是被方子缚死,只进行某种药的加减。

陈瑜　你对中医有自己的思考角度。

桃李　嗯。

- 10 -

陈瑜　最后想问你,你看了《少年发声》想到找我聊,是出于什么考虑?

桃李　我个人觉得社会也好、家庭也好,对部分人的帮助还是不够多。我当时挣扎了很久，一直处于孤身奋战的状态，好像也没什么人能过来帮我。

我休学那年遇到了一位心理咨询师，我打电话过去求救，他很可怕地冲着我吼叫："你要是想好起来，你就得过来上我的课，交钱。"我很生气，就把电话挂了。我感觉有些咨询师自己也不够专业，好像很难给到这部分人真正的帮助。我也向我舅舅求救过，但他淡淡地回我一句："因为你还没长大，长大了就好了。"但是我可能就是因为生了病，无法成长。

我发出求救信号，但好像没有人能够理解我、帮助我，我被困死了，又不知道该怎么办。我觉得这部分人，包括我自己，还是挺可怜的。

陈瑜　很多成年人不把孩子的心理问题当回事，这其实是大人的无知和回避。

桃李　有个很大的问题，所有人包括心理咨询师，都在要求我应该怎么做，指导我应该怎么改变，觉得我应该对自己负责，从来没有人说过我的父母要怎么改变，没有对我的家庭进行过干预，好像都是我的问题，不是家庭的问题，没有跟家庭教育联系在一起。

但其实，我被这个病困了十几年，我的心智还停留在初一，被困在原地，一动不动。这时有人说我要对自己负责，其实这是不太可能的。

陈瑜　孩子是相对弱势的一方，又没有什么资源。

桃李　可能整个教育系统、家庭模式、家庭成员的相处方式出了问题，真正病的是大人，但最后问题呈现在我们身上，受害的是我们，吃药的是我们，然后还要承受老师、同学异样的目光，承受药物的副作用。

问题的根源不在我们身上，但最后落得这样一个下场，对我们得了病的孩子来说，真的是非常悲惨、非常不公平！

我这几年的成长，其实是基于我的自救。在我病得最严重的时候，我的父母不知道应该怎么做，心理咨询师好像也没有指导他们要怎样去包容我，怎样在行为、语气、想法上做出一些改变，以便我获得安全感，给我一个更宽松的环境，让我过得更舒服一些，然后可以尽快地走出来。

我妈的功利心还是蛮强的，只是我以前非常自律，她没有表现出来。我高三那会儿，我妈是非常焦虑的，我跟心理咨询师反映，心理咨询师好像没有看到这一点，也没说我妈也需要吃点抗焦虑的药。

事实上，我爸妈这几年做出了改变，给了我一个稍微宽松的环境之后，再加上我的自救，我成长得非常快。但是很可惜，这一切是因为我妈相信佛学，而不是从心理咨询师那里获得的启发，所以，我觉得整个心理行业的力量还很不足。

可能相较于给我们这些病了的孩子做心理辅导和治疗，给家长的指导和治疗更重要。患者的病情和家庭环境其实有很大的关系，就是因为有这样的环境人才会逐渐心理失常。如果患者自己改变了而环境没有改变，或者环境不容许患者改变，那么治疗是很难成功的。

陈瑜　是的，单靠孩子来改变环境太难了，所以很多孩子用自毁的方式来逼迫家长改变，但代价太惨烈了。

桃李　我觉得得了神经症、精神疾病比得了癌症还要可怕。癌症患者动了手术，有人会给你送鱼汤；但得了这种病，好像没有什么人来关心你，还会有人不理解你，甚至指责你、歧视你。而且癌症病人顶多就是少活几年，但如果你得了这种病，你会痛苦，还会困在那里，丧失生存技能、社交技能，可以说几乎成了一个废人。

反正我有一种死里逃生的感觉，觉得只差那么一点点，自己就疯了，所以觉得很幸运、很感恩，现在居然还能乐观地生活，真的是个奇迹。当年病得那么重，就要放弃学业了，整个家也快要散了，但是现在能过上美好幸福的生活：每天穿日常化的汉服，读《诗经》，每年看七八场舞剧、音乐会，学习舞蹈，跟师义诊。疾病方面还是容易紧张，检查习惯还有但影响不大，每当理顺心里的一些东西时，感觉身体会发生相应的变化，精神会好转。

我最初是很听话的乖乖女，大人说什么我就做什么，最后开始反抗，有了自己的反思，就这样挣脱出来。我觉得真正拯救自己的，好像还是家庭关系的改变，还有音乐和艺术。

其他人能不能像我意志力这么顽强地撑十几年？家庭条件是不是能支撑他们去做昂贵的心理咨询？是不是也有足够的运气找到一份自己喜欢的好工作，回归正常生活？这我就不知道了，很难说。真的希望他们不管经历了多少辛苦、多长时间,最终都能够有一个好的结果。

陈瑜 我特别佩服你,你的故事让人很心疼,也充满了力量。祝福你,在中医路上走得高远。

桃李 有时候我想,如果不是这个状态,清华北大有没有可能呢?

陈瑜 清华北大不缺一个学霸,但中医缺人才。

桃李 对,这样想我心里很平衡,哈哈,我要成为"大医"[①]。

---

① 一般为人们对医道精深者的尊称。——编者注

陈默老师

点评分析

桃李是典型的强迫症患者。强迫症是焦虑到一定程度的产物、是长期紧张的结果。

那么她为什么会长期紧张呢？因为她从小不让自己出错。为什么不让自己出错呢？是她的环境不让她出错，当然这一定是从父母不让她出错开始的。

父母见不得孩子出错，孩子出错的时候，父母教训、说教，或者进一步对孩子进行规则化，久而久之，孩子就会变得不准自己出错，要追求完美，要做到最好，要让所有人在自己身上看不到瑕疵。一旦有瑕疵，不管是自己发觉还是别人发觉，孩子都会产生羞耻感。橡皮筋长期拉得很紧，出现的最明显的恶果就是这类强迫症。

有轻度强迫的人其实挺多的，但强迫到头要撞墙，什么事情都不能做了，这就非常严重了。桃李的强迫症跟环境有关，她的成长环境是压迫性的、挑剔性的、高要求的、高规则的,这些都会使她形成这样的强迫人格,然后出现强迫症状,最后到了完全不能看书、要休学的地步。

像这种带有病理性的生存状态,是很痛苦的。桃李在初中、高中、大学这些年,因为强迫症的干扰,甚至有轻生的想法,这是大人不能理解的。自己得过强迫症,尝过那种滋味才知道,严重的强迫症会使人痛不欲生。桃李甚至觉得比得了癌症还痛苦,有道理吗?有道理,严重的强迫症状确实是让人非常痛苦的。

从桃李的叙述来看,她也没得到过很好的帮助。当然了,父母能够给她提供帮助的话,她也不会成为强迫症患者了。我们看到她有一个典型症状,每次发病的时候,就会出现跟母亲打架的情况,她把她所有的难过都发泄到母亲身上。小孩有心理疾病的时候,常常对家长发泄,因为家长是应该包容孩子的人,但潜意识里,孩子也知道,家长往往是自己问题的制造者。

强迫症患者不仅需要药物治疗,更重要的是寻找有经验的心理治疗师,对强迫人格进行修正。因为形成了追求完美的强迫人格特点,会让人无法前行,身心疲惫,所以这类人在学习中、工作中,也谈不上享受,他们的工作状态是紧张的,就算做得再好,身心都是受折磨的。

通常来说,解除了一个人的紧张环境,把他从压力环境中解救出来,是治疗的必要手段。当然,在认知上也要有很大的调整,像桃李听到一句话——"人是可以犯错的",她就像顿悟了一样。这句话是很平常的,她听了都那么吃惊,这说明什么呢?说明她的成长环境距离这句话有多么远!当她知道人是可以犯错的,她一下子就把不允许自己犯错、不允许自己有瑕疵的心理放松下来。这个孩子想尽办法在自救,包括用学医这个比较积极的自救办法,让自己摆脱困境。

从家庭教育这个角度来讲,家长要重视这一点,不能给孩子过早的约束、过多的挑剔,不要让孩子去扮演一个不犯错的完美角色。如果家长一直对孩子有这种需求,那么孩子就会牺牲自己来满足你的需求,到头来有可能"塑造"出一个强迫症孩子,到时候追悔莫及。

No.
―
15

"我不断与亲人对抗，
寻找'回家'的路……"

星辉／男／大一／四川

概况：抑郁症，目前休学。

有着自己明确的兴趣、爱好和理想，但在现实生活中，很难得到家人的支持和认可。

星辉是一个主动将学业暂停在了大一的休学生，他说"休学，是我最'不听话'的一次，但也是我第一次真正'做自己'"。

关注了"少年大不同"公众号几天后，他给"少年发声"写了一封信。这是一篇檄文，一个内向、敏感、抑郁的学生，直抒胸臆，用文字向成人世界开炮！

亲爱的"少年发声"：

您好！我是星辉，一名来自四川的大一休学生。

我应该怎样把握机会，更好地介绍和展示自己呢？抑郁少年、被过度保护的孩子、被世界贴满标签的"千禧之子"、爱国敬业的赤诚少年……是的，我似乎有太多身份可以表达自己，但身份和我的真实处境之间，仿佛总有一道道难以逾越的沟壑：我一时半会也不知该从何说起。

我想了很久,就从我现在的状态谈起吧。

- 1 -

今年3月,我在医院检查出"轻度抑郁",多多少少也算一个"抑郁少年"。

也许有的成人会对这种特殊疾病产生误解吧?认为抑郁等于矫情、脆弱、胆怯、抗压能力差。

是的,我听过不少"酸酸"的话,所以已然有些习惯了。但此时此刻,我觉得我仍然不得不提醒这些成人:抑郁是一种心理疾病,是中国乃至全世界常见的疾病之一,也是青少年意外离世的第二大原因。饱受抑郁折磨的孩子,可能有结束自己生命的想法或冲动。

也许有的成人依旧难以理解青少年抑郁,认为"不愁吃不愁穿,抑郁什么"。但是,醒目的数据和新闻事件一次次沉重地诉说着悲伤的事实:抑郁少年并不少见,而且就在我们身边。

也许我们成长的物质环境丰富,衣食住行不是大问题,但是,我们成长于一个日新月异的时代,生活竞争、职业竞争异常残酷,长期处于竞争和压力之下,部分已经就业数年的成人都难以承受,更不必说刚刚成年或尚未成年的孩子了。

关于比较和竞争的战斗,在我们小时候就开始了:容貌穿着、身体发育、学业成绩……我们从小就被不断地和"别人家的孩子"

比较。我也和很多孩子一样，担心自己的学业成绩，担忧自己的容貌穿着，对自己的身体感到自卑。较长一段时间里，我觉得自己不管怎么努力成绩都始终不理想，觉得自己成年了却依旧是个"娃娃脸"，觉得自己的身高比其他男孩低。

第一个指出我"娃娃脸"的，其实是我的亲人。我听见这句话，仿佛听见了末日之声。我只能不断怀疑自己：十几年来的成长，似乎"一无所有"。第一个指出我"身高偏矮"的，其实也是我的亲人。那时的我没有办法抵抗，只能默默接受这种悲伤的审判。

也许我是一个"易感"的孩子，即自身对某些事件的反应较强。我很在意他人的言语，在意他人的评价，也很在意一些重要话题、新闻事件。也可能是因为这种"易感"，在与家人对话，或者和家人交流时，我时常和他们争吵。

我有一个非理想化的家庭环境：父母之间有矛盾与争吵、亲人和我之间有矛盾与争吵、亲人给予我负面行为或情绪……甚至有一个非理想化的思想环境：亲人对我长期存在"完美主义""过度否认""极限控制"……这些都是一片片隐藏的毒药，不断削弱着我的自信和力量，甚至遮挡了重生的光。

虽然我"生病"了，但我的亲人似乎不承认这份"账单"，依旧认为我可以正常地工作、学习、生活。他们似乎并不在乎我的"情绪低落绝望、行为冲动愤怒"，并不关心我的"兴趣和注意力减退、人际关系恶化"，并不理解我的"适应能力减退、有较强的负面暗示"，甚至不认同我各种各样的"躯体化表现"。

最后，尽管他们"妥协"了，陪我办理了离校手续，但他们认为我的问题在于"人际交往"，而且强烈要求我兼职，或者参与社区活动，让我不断尝试与他人交流。

直到我开始一次次伤害自己的身体，或者一次次用力掐住自己的手背，他们才同意我再一次寻求专业人士的帮助。在此之前，他们只会一次次说："我们可以为你寻找专业医生，但关键是你自己要坚强，自己要走出来。"他们没有理解，"人际关系恶化"可能是青少年抑郁的一个表现，他们也没有深入了解我内心的痛苦与挣扎，甚至没有真正理解这种疾病。

我想，不断与亲人对抗，寻找"回家"的路，这是我几个月以来的状态之一吧。

父母们，请停下你们匆忙的脚步。希望更多成人真正热爱自己的孩子，放下欲望和自傲，平等、真诚地和孩子对话；也希望更多父母关心孩子的精神世界，进入孩子的内心城堡，耐心地学习、成长，真诚地给予保护。

- 2 -

"保护"一词，或许不仅仅是写给抑郁少年，也是写给每一个孩子，尤其是尚未成年的孩子。但有些时候，我也会一遍遍思考：我是不是"受过度保护"长大的孩子？

回忆我 20 年的成长历程，我似乎被亲人"控制"着长大：儿时规定我何时必须睡觉、不允许我在工作日使用电子设备、不支持我与线上认识的朋友交流、强制让我参加奥数培训班……即便到了现在，他们仍然时不时地"控制"着我：急切建议我品尝某种食物、选购商品时对我指指点点、洗手时站在一旁不断指导我、不允许我将我的想法分享于朋友圈……即便我的年龄已然进入"2字头",他们对我的信任度仍然极低。

前段时间,有一天晚餐结束,我准备外出散步。临走前,我妈妈依旧对我说:"记得晚上 9 点前回家!"当时的我有些无语,想叹息,但我也只能点头应和。仿佛我只是一株孱弱的小草,在沉沉的夜色中会举步维艰、无言以对。

以"保护"和"爱"之名,不让孩子接触一切不良信息,阻断青少年认知世界、体验生活、主动成长的所有机会,限制孩子们参加各种各样他们真正需要的、有意义的文化活动,推崇"分数至上""美好至上",这是真正意义上的"保护"吗?

在我目前的认知里,"保护"有四大重要前提:

一是尊重,要尊重受保护对象的实际情况,尊重他们不同的个性和需求,尊重他们的认知能力和成长规律;

二是交流,要与受保护对象充分沟通,细致交流,了解他们内心的真正想法,了解他们的成长需要,了解他们作为不同个体的实际情况;

三是成长,要充分让受保护对象不断历练、不断蜕变、不断探索。我们"保护"青少年的目的,是让青少年更健康、更快乐、更幸福、更全面、更多元化地成长,而不是限制他们正常的社交或文化活动。另外,成长的主角是每一个受保护的个体(如青少年),而不是保护对象(如父母、老师)。站在三五十岁的成年人的角度去看待孩子的行为,这种做法一定程度上是一种本末倒置;

四是细致,要充分挖掘受保护对象的年龄特征、性格特点、兴趣爱好、思想习惯，坚持具体问题具体分析，对不同个体的孩子制订不同的详细的保护计划和成长计划，陪伴和引导受保护对象正向、积极地发展。

是的，无数父母的思想或许还停留在数十年前，停留在物质贫乏的岁月。没有太多人愿意思考：我们的教育系统出现了严重的误判；也没有多少人勇敢发声："一刀切""极限控制"的管理方法，给孩子们带来了太多太多难以想象的苦恼。

我一直以为，人的教育大致有四种类型：自我、家庭、学校和社会。自我教育，即自己对自己的管理和提升；家庭教育，即父母对孩子的引导和陪伴；学校教育，即老师对学生的指点和纠正；社会教育，即整个世界对孩子的帮助。遗憾的是，太多父母不明白这些简单的道理，以自己陈旧而保守、片面而极端的思想，限制着有个性、有思考能力的"千禧之子"。

太多成人表面上声称"为了孩子好""保护青少年"，但实际上，这些偏见和误判一次次伤害着青少年的内心世界，破坏了孩子们认知世界、探索世界、与世界对话的良好机会，更让孩子们错失了学会认识自我、发现自我、创造自我，学会管理、学会控制、学会辩证的大好时机。

父母的偏激和误读，不仅仅是一种懒惰、一种懈怠，更是对自己不负责、对孩子不负责、对世界不负责。

试想一下：一个长期处于温室中的孩子，从未真正经历风雨，长大后怎能面对风雨？一个不能正确了解和认知世界的孩子，从未真正融入世界，长大后又怎能创造世界？我们再想一想：不能接受新思想、新事物、新时代的父母，又怎能积极陪伴孩子与时代共同前行？故步自封、自命不凡、一无所知的家长，又怎能正确引导自己的孩子？

是的，如果成人关心一个孩子，热爱一个孩子，我想你不仅需要"保护"他，保护他的身心，守护他的光芒，还要尝试让他"受伤"，让他学着踏入黑夜，迎接风雨。没有经历过挫折的年少时光，不是精彩的，也不是完整的；只有经历过风吹雨打，亲眼见证过黑暗的残酷和美丽，才能更好地成长、更好地蜕变、更好地升华。

再者言，没有黑夜，何谈光明？没有苦涩，何谈甜蜜？孩子的成长需要黑夜、需要伤痛、需要"怪兽"时时刻刻予以警示：为了绽放光辉，我们不懈奋进；为了征战黑暗，我们团结协作。

说到底，孩子正确的世界观、人生观、价值观，并非与生俱来，也不是闭关而来，更不是限制而来，而是在成长的旅行中，通过实践活动不断形成、不断纠正、不断升华、不断整合而来。

事实也一次次证明："千禧之子"值得信赖。因为我们有责任、有态度、有智慧、有力量，也足够文明、足够自信、足够明理、足够积极。

从中学生用心肺复苏抢救路人，到小孩卖雪球、大学生路过暖心购买；从18岁男孩怕到腿发抖仍坚持救人，到大学生得知摊主丈夫患癌主动排队买煎饼；从00后战士用军帽为婴儿遮阳，到ICU（重症监护室）里的00后男护士精心照料患者……我们一直用行动证明自我，也一直坚守自我的初心与诺言。

- 3 -

诚然,作为"千禧之子",我们也曾被老一辈人和社会贴上过许多标签:娇生惯养、"垮掉的一代"、不思进取、沉迷网络。然而,无数温暖而有力量的故事,一次次将这些成人的话语击得"粉身碎骨"。是的,我们也有属于我们的精彩。

我一直很想对个别成年人讲些话:

所谓"娇生惯养""垮掉的一代",只不过是物质世界和精神世界激烈碰撞的产物。出生于 20 世纪的父母和爷爷奶奶们,物资相对匮乏。这些成人更在乎吃穿住行,即基本的生活需求,概括起来即"生存",而并不在乎精神世界的创建和发展。加之工作压力和社会竞争的残酷考验,成人们在"生存丛林"里经历了不少伤害与磨难,也总结了许许多多实际的法则。

但"千禧之子"出生于 21 世纪,物质条件相对良好,饮食条件、穿着打扮能够满足基本的成长需求,所以我们的需求不仅仅局限于物质,还升华于精神。我们更在意如何正确认知世界,如何在世界中创造自己,如何更好地与世界对话,概括起来即"存在"。

但是,在我们探寻自我、认知世界的道路上,我们也会受伤,也会摔倒。从某种角度而言,这种"伤痛"属于"更深层次的疼痛",而不再仅仅局限于"浅表之痛"。加之我们和父母所处环境的差异性,双方难以理解彼此曾遭受或正在遭受的痛苦,在繁华热闹的社会环境中,我们却活得像流浪的少年。

另外,"生存"以物为本,以物的占有和获得为本;但"存在"以人为本,以人的存在和发展为本,所以两者之间的差异较大。这就不难解释为什么有些成人看孩子总是"不顺眼",觉得孩子"矫情""脆弱""抗压能力差"——因为我们彼此的经历和思考维度截然不同。

所谓"不思进取""沉迷网络",只不过是从信息相对落后时代疾速更迭到信息发达时代的产物之一。出生于20世纪的父母和爷爷奶奶们,通信条件相对落后,获取信息资源的渠道较为单一。这些成人所经历和在乎的,更多是眼前实实在在的所见所闻,即"真正的现实世界",或者"第一类现实世界",而非眼前未见的、但实际上正在发生的世界各地的新闻故事,即"跨越的现实世界",或者"第二类现实世界"。

但"千禧之子"出生于21世纪,通信发展日新月异,笔记本电脑、智能手机、无线网络等技术和工具的快速普及,使得我们获取信息资源的渠道更加全面、更加开放、更加多元。所以我们的经历不仅仅局限于"真正的现实世界",还包括"跨越的现实世界",即我们可以更丰富地了解来自全球各地的新闻故事,了解不同学科、不同领域的研究成果,和不同地区、不同性格的伙伴交往。

而且,科学技术和信息技术飞速发展的背景下,世界所面临的挑战空前巨大,教育、职业、科技等各个领域的竞争压力也较大。我们生活于这个"不断奔跑"的时代,难免也会在"成长的奔跑道路上"遍体鳞伤、迷失方向。为了暂时遗忘痛苦的经历,为了追寻真正的自我,"和手机做伴"成了我们的广泛选择。两代人所处的成长环境和资源环境截然不同，这就不难解释为什么成人反感孩子总是"玩手机""打游戏"。

概括起来，那些所谓的"标签"，仅仅是不同时代、不同印记、不同思想、不同经历留下的"伤疤"与"裂缝"，其本身并不具有特别的价值。但也正是这些"伤疤"，帮助我们认知着真正的世界，认识着真正的自我，也帮助我们铭记着我们曾经做过什么，受了几次伤，未来我们需要什么。唯有如此，我们方能继续奔跑、继续热爱、继续热泪盈眶。

- 4 -

是的，在我的世界里，真正让我们勇往直前的，其实是困难背后所蕴含的光，是黑夜过后可期待的黎明，是一种美好而温暖的精神动力。

过度片面强调困难，可能会让不少人"误入歧途"，认为"不惧困难是一种崇高的精神境界"，认为痛苦对于生命的成长价值重大。实际上，只有我们害怕黑夜、畏惧伤痛，我们才能更好地迎接痛苦与伤痛，将负面事物转化为精神动力，更好地前行。

一个人在极度恐惧、极度绝望、极度害怕也极度期待时，才会生出超乎寻常的坚强、勇敢、光辉与力量。"不向负面势力低头"，这是我的态度，也是我的行动准则。

写了这么多，我只是想把这些思考和阐释讲给成人，包括父母，请放下欲望和自傲，平等而真诚地和孩子对话。在我仅有的认知里，已经就业的成人、正在求学的成人、尚未成年的人，这三者间只有年龄的区别，其他区别不算大。即使已经就业的成人有更多社会阅历，也并不完全意味着他们经验丰富。

于我而言，"经历"是需要经过实践、思考和升华的，如果仅仅是遇见某件事，而没有亲身参与或深入思考，便很难称之为"经历"。

我希望大人们可以放松自己的肩膀，卸下自己的生命故事集装箱，和大孩子、小孩子们"和谐共处"。

星辉

陈默老师

点评分析

星辉的这封信，实际上是写给所有大人的，他告诉所有大人，他们这代人跟上一代人的差别在哪里。

两代人的需求是不同的：上一代人的需求更多是在第一个层次，物质的、实用的、现实的层次；这一代孩子基础层次已经达成了，所以他们的需求是对世界的理解、对文明的向往、对公共事务的参与。两代人因为需求不同，所以常常会出现"鸡同鸭讲"的情况。

那么问题在于，上一代人意识不到这一点，要把自己的需求强加给下一代人，如果下一代人表现出不在意上一代人的需求，上一代人就会觉得下一代人是有问题的。

所有上一代人都认为自己给了下一代人全部的爱，下一代人什么都不缺，他们无法理解为何下一代人过得不开心。下一代人不开心，是因为精神生活没有得到满足，而上一代人不需要这种精神生活的满足，当然无法理解。

还有，两代人的生活环境不同，因此他们的生活方式也不同。当代孩子一来到世界上，便伴随着手机等电子产品，真实生活和虚拟生活对他们来讲，可能同样重要，未来虚拟生活在他们的生活中占的比重有可能会更高；而他们的父母大多时间生活在现实、实务中，所以两代人在生活方式上的冲突也会很大。

现在孩子接触的信息源很广、信息量很大，所以有更深入的思考、更高的判断力，但是这一点父母是不认同的，他们认为自己吃的盐比孩子吃的饭还多、走的桥比孩子走的路还多，认为自己的经验是正确的，自己的判断是正确的，但是不知道时代的车轮是在往前跑的，也不会意识到自己已经落在时代之后了。

这封信还发出了强烈的呼吁，呼吁所有的大人放过孩子，不能太过于控制孩子。大人以保护的名义控制孩子，对于孩子的一言一行和所有的选择都要干预、指手画脚，而大人的认知能力、认知水平未必高于孩子，所以孩子不愿意接受，因此生活在压抑之中。对于孩子来说，这意味着"我被你高度聚焦、我被你控制、我被你保护，但这一切都是我不需要的"。在这个方面，星辉发出了强烈的呼吁，作为家长要来听听。

这个孩子其实喊出了千千万万孩子的呼声，这封信也写出了这个孩子多年来跟成年人交往的感触和体会，这里头流露出一种无法言喻的无奈，因为他面对的是自认为给他爱的上一代人。

当孩子不具有经济能力的时候，他只好抗争。抗争有两种形式：一种是硬性抗争，就是暴力性地吵、闹，做出各种出格的行为；还有一种就像星辉反映出来的那样，是一种软性抗争，自己攻击自己，患上心理疾病，停顿不前。

停顿不前实际上是对上一代人最大的抗议，表示"我不需要你指手画脚，所以停下来了"。孩子想用这种抗争唤醒上一代人。

那么上一代人能不能清醒地认识到呢？很多情况下，不管下一代人如何抗争，上一代人仍旧不能意识到。所以我们要提醒家长，当你的孩子抗争的时候，你要有所觉察，并开始检讨自己、反思自己，你要快速地跟上孩子的步伐朝前走。

以前，我们都是向上一代人学习，但是到如今的时代，我们要向下一代人学习了，因为时代变化实在太快、进步实在太快了。上一代人要紧紧跟上时代的步伐，两代人才能和谐相处。就像星辉在这封信里所说——他们实际上多么渴望能与父母和谐相处、彼此理解啊。

当然了，人类社会的发展规律就是这样，一代超越一代，一代推动一代。

后记 | 我是陈瑜，我一直在！

"少年发声"实打实做了两年多，截至目前，我深度采访了全国各地 60 多个孩子。这件事我会一直做下去，因为在很多个深夜，有很多个孩子，想要找一个人说说话。

就让我当大家的树洞吧。"我是陈瑜，我一直在！"每发表一篇"少年发声"，我都会把这句话在文末重复一次。

是的，我一直在，如果你想找我，只要在"少年大不同"公众号的后台发送"少年发声"四个字，就能添加我的个人微信。

我相信，听见就是疗愈；我希望，大人们都愿意听见孩子，都能够听懂孩子。

最后，感谢所有参与"少年发声"的孩子，谢谢你们的真诚和信任，我视若珍宝。

同时，感谢我的伙伴刘斐雅、李敏岚、郑翌、卢景红、黄鑫鑫、张彩云、顾学文，感谢中信出版集团的李静媛主编及其团队的编辑林雪微、杨佳君，感谢我们家给力的队友老丁和让我有机会再成长一遍的小丁子。

陈瑜

2023 年 1 月于上海

"少年发声"
愿成为你的树洞

扫描添加下方二维码
发送暗号：少年发声

我是陈瑜
我一直在